역사가 된
노래들

천천히읽는책_71

역사가 된 노래들
아리랑·님을 위한 행진곡·직녀에게·늙은 군인의 노래

글 김병국 박윤우

펴낸날 2024년 9월 24일 초판1쇄
펴낸이 김남호 | 펴낸곳 현북스
출판등록일 2010년 11월 11일 | 제313-2010-333호
주소 07207 서울시 영등포구 양평로 157, 투웨니퍼스트밸리 801호
전화 02) 3141-7277 | 팩스 02) 3141-7278
홈페이지 http://www.hyunbooks.co.kr | 인스타그램 hyunbooks
편집 전은남 | 책임편집 류성희 | 디자인 최선희 | 마케팅 송유근 함지숙
ISBN 979-11-5741-416-1 73300

ⓒ 김병국 박윤우 2024

이 책은 저작권법에 의하여 보호를 받는 저작물이므로 무단 전재 및 복제를 금지하며,
이 책 내용의 전부 또는 일부를 이용하려면 반드시 저작권자와 현북스의 허락을 받아야 합니다.

⚠ 주의 종이에 베이거나 긁히지 않도록 조심하세요. 책 모서리가 날카로우니 던지거나 떨어뜨리지 마세요.

역사가 된 노래들

글 김병국 박윤우

- 아리랑
- 님을 위한 행진곡
- 직녀에게
- 늙은 군인의 노래

| 머리말 |

가장 위대한 발명품 '노래'

 인류가 발명한 것 가운데 가장 영향력 있는 것이 무엇일까요? 많은 사람이 '노래'를 꼽는답니다. 음과 함께 '놀다'라는 뜻을 가진 '노래'는 아주 오래전부터 우리 곁에서 다양한 모습으로 태어났고, 열심히 일하며 지내 왔던 거지요.
 '노래'가 만들어진 초기에는 하늘을 향해 부르짖는 수준이었지만, 시간이 지나면서 선율과 가사가 다듬어지고 다양한 종류가 생겨났어요. 이렇게 진화 발전한 '노래'는 사람들에게뿐만 아니라 식물, 동물에게도 긍정적인 영향을 준다고 해요.

 이 책은 우리 민족의 '노래' 네 곡의 창작 과정과 사회적 성장을 관찰하고 연구한 글이에요.
 〈아리랑〉은 우리 민족의 아픔과 슬픔, 저항과 투쟁이 고스란히 담겨 있는 대표 '노래'로 그 가치를 인정받아 유네스코 세계문화유산으로 선정되기도 했어요.

〈님을 위한 행진곡〉은 광주민주화운동 중 불리기 시작해 대한민국 저항가요의 대명사이자 민주화운동의 대표곡으로 성장했어요.

〈직녀에게〉는 남녀 간의 이별과 그리움이라는 소재로 우리 민족이 만나야 한다는 통일가요로 자리매김했어요.

마지막으로 〈늙은 군인의 노래〉는 힘없는 군인의 독백 같지만 소박하고 진실한 나라 사랑으로 해석되어 널리 불리고 다양한 정부 행사에서 사용되고 있어요.

이처럼 소박하지만 절실한 사연을 가진 이 '노래'들이 어떻게 사람들의 호응을 얻고 광장으로 나아가게 되었는지, 광장에서 어떻게 큰 의미를 가지게 되었는지 확인할 수 있을 거예요.

이제 역사가 되고 민주화의 씨앗이 된 '노래'들을 만나러 가 볼까요?

| 차례 |

1부 아리랑

아리랑 – 흙의 노래에서 민족의 노래로

우리 겨레의 마음과 삶이 배어 있는 노래	13
〈아리랑〉은 어떤 노래인가?	16
3대 〈아리랑〉	24
흙의 노래에서 사회의 노래로	38
동학농민군과 〈아리랑〉	42
의병들의 〈아리랑〉	45
영화 《아리랑》과 나운규	52
독립군 군가가 된 〈아리랑〉	60
해방과 분단 그리고 〈아리랑〉	70
이제 우리 〈통일아리랑〉을 부를 때	75

2부 민주화의 씨앗이 된 노래들

님을 위한 행진곡 – 광주를 넘어 세계로

망월동 영혼결혼식	85
노래극 《넋풀이》	88
못다 핀 영혼, 윤상원과 박기순	93

가시밭길 걷는 〈님을 위한 행진곡〉	103
민중의 애국가	105
광주를 넘어 세계로	107
마음의 씨앗이 되다	112

직녀에게 - 사랑 노래에서 통일의 노래로

애끓는 이별, 견우와 직녀	117
시가 곡조를 얻다	122
인터뷰-박문옥 작곡자와 만나다	126
통일 염원 연극으로 만들다	130

늙은 군인의 노래 - 금지곡에서 국민가요로

'금지곡 1호'가 된 노래	137
건대 항쟁과 〈늙은 군인의 노래〉	140
노래가 만들어진 사연	147
곡과 잘 어울리지 않는 노랫말	151
금지곡에서 장수곡으로	155

1부

아리랑

아리랑

(후렴) 아리랑 아리랑 아라리요
아리랑 얼싸 배 띄어라

1. 나라 없이 살 수 없네 나라 살려보세
   조상 없이 살 수 없네 조상 살려보세

2. 살 수 없다 한탄 말고 왜놈을 잡아
   임금 앞에 꿇어앉혀 우리 분을 푸세

3. 잊지 마라 명예도 지위도 다 버리고
   이 강산 굳게굳게 지켜나다오

4. 동녘에 둥근달아 우리우리 군대
   명랑하게 두고두고 비추어다오

5. 우리가 무슨 무슨 잘못이 있어
   우리의 왕비를 해하였느냐

6. 송죽 같은 봉위산 억만년 지나도
　　조국의 하날 높이 우렁차게 불어다오

7. 금수야 강산아 조국의 땅이거든
　　우리의 군대를 보존하여다오

8. 춘천에 비친 달아 우리 군대를
　　청명하게 환하게 비추어다오

9. 금수야 강산아 너도 조국 땅이거든
　　굳게굳게 이 나라를 지켜나다오

10. 이 몸은 송죽같이 되겠노라고
　　　잊지 마라 명산대천 조국을 지켜다오

　　- 춘천 의병아리랑(춘천지방 구전가요)

아리랑

흙의 노래에서 민족의 노래로

우리 겨레의 마음과 삶이 배어 있는 노래

 남과 북, 재외 동포를 통틀어 우리 민족이 가장 사랑하고 즐겨 부른 노래는 무엇일까요?

 〈강강수월래〉? 〈애국가〉? 아니면 '나의 살던 고향은~'으로 시작하는 〈고향의 봄〉? 모두 많은 사람이 사랑하는 노래이지요. 그러나 지역과 시대를 넘어 우리 민족이라면 남녀노소 모두가 함께 부르고 어울릴 수 있는 노래로는 〈아리랑〉만 한 것이 없어요. 〈아리랑〉은 시베리아든 하와이든 우리 민족이 있는 곳이라면 어디서나 친근하게 부르고 있는 민족의 노래이죠.

 이런 이유로 정부는 2006년 6월 〈아리랑〉을 판소리, 거문고, 대금과 함께 음악 분야에서 한국을 대표하는 '100대 문화상징'으로 뽑았어요.

〈아리랑〉은 유네스코 세계문화유산으로도 선정되었어요. 남한은 2012년 '아리랑, 한국의 서정민요'로, 북한은 2014년 '조선민요 아리랑'으로 각각 이름을 올렸어요. 남과 북 모두 우리 민족을 대표하는 문화유산으로 〈아리랑〉을 고른 것이에요.

우리 민족은 슬플 때는 위로받기 위해, 기쁠 때는 흥을 돋우기 위해, 힘들 때는 용기를 얻기 위해 〈아리랑〉을 불렀어요. 고된 시집살이에 눈물 마를 날이 없던 여인들은 산 너머 부모를 그리며 〈아리랑〉으로 서러움을 달랬어요. 여름 뙤약볕 아래에서 힘든 농사일을 할 때도 농부들은 〈아리랑〉을 부르며 노동의 고통을 잊었지요. 1991년 일본 지바현에서 열린 세계탁구선수권대회에서 남북 단일팀이 여자 단체전에서 세계 최강 중국을 물리치고 우승했을 때 체육관에 울려 퍼진 노래도 〈아리랑〉이었어요.

많은 사람이 〈아리랑〉을 사랑하지만, 민족의 아픔과 슬픔, 저항과 투쟁의 한복판에 〈아리랑〉이 있었다는 것을 아는 사람은 그리 많지 않아요. 나라가 침략당했을 때는 온 백성이 〈아리랑〉을 부르며 복받치는 설움을 달랬어요. 일본이 침략했을 때도 〈아리랑〉을 읊조리며 독립의 의지를 다졌지요. 남과 북이 나뉜 뒤에는 통일에 대한 간절한 바람도 〈아리랑〉으로 엮어 불렀어요.
　〈아리랑〉은 슬플 때나 기쁠 때나 항상 곁에 있었기 때문에 우리 겨레의 마음과 삶이 배어 있는 민족혼이라고 말하기도 해요.

〈아리랑〉은 어떤 노래인가?

〈아리랑〉은 '아리랑 아리랑 아라리요'라는 받는소리와 다양한 메김소리로 구성된 돌림노래예요. 받는소리는 후렴을, 메김소리는 노랫말을 뜻해요. '아리랑', '아라성', '아라리'처럼 아리랑을 뜻하는 말이 들어가는 민요를 통틀어 〈아리랑〉이라고 불러요.

〈아리랑〉을 최초로 기록한 사람은 미국인 선교사 호머 헐버트(1863~1949년) 박사라고 알려져 있어요. 헐버트 박사는 1896년 처음으로 〈아리랑〉에 서양식 음계를 붙였어요. 〈아리랑〉의 서양식 악보를 만든 것이지요. 그는 또 전

2013년 문경새재에 건립된 '호머 헐버트 아리랑비' 미국인 선교사 호머 헐버트 박사는 1896년 처음으로 〈아리랑〉을 서양식 음계로 기록했어요. (사진·문경시)

래 민요와 〈아리랑〉을 수집하여 서양 악보로 정리한 뒤 온 세계에 알렸어요. 우리 민족을 매우 사랑했던 헐버트 박사는 1907년 고종이 보낸 헤이그 특사를 도왔다가 일제에 의해서 추방되었어요.

〈아리랑〉은 악보로 기록되기 훨씬 전부터 백성들 속에서 널리 불렸어요. 〈아리랑〉은 강원도 〈정선아리랑〉, 경상도 〈밀양아리랑〉, 전라도 〈진도아리랑〉처럼 각각의 지역에서 향토민요로 전해 내려왔어요. 유네스코 한국위원회에 따르면 지금까지 알려진 것만도 60여 종 3,600여 곡에 달한다고 해요.

 수많은 민요 중에서 〈아리랑〉이 가장 사랑받게 된 까닭은 뭘까요? 그 이유는 간단하고 단순한 가락 덕분이라는 설명이 많아요. 한 번만 들어도 쉽게 귀에 박히기 때문에 빠르게 퍼질 수 있었다는 것이지요. 외국인들이 〈아리랑〉을 몇 번 듣고 금세 흥얼거리며 따라 하는 것을 보면 이런 설명에 고개가 끄덕여져요.

 '아리랑'이란 말이 어디서 왔을까요? 이름에 대해서는 20여 가지 이상의 설명이 있어요. 대표적인 설명 가운데 하나가 땅 이름에서 왔다는 '낙랑설'이에요. 고대 낙랑의 남쪽에 있던 교통 요충지 '자비령'의 옛 이름 '아라'에서 유래했다는 설명이지요.

 다음은 사람 이름에서 나왔다는 설이에요. '아랑설'과

'알영설'이 이에 해당해요. '아랑설'은 옛날 경남 밀양 부사의 외동딸 아랑과 관련된 이야기예요. 아랑이 그녀를 사랑한 젊은이의 청혼을 거절하다가 억울하게 죽었는데, 이를 애도하고 기리는 데서 나왔다는 설이에요. '알영설'은 신라 시대로 거슬러 올라가요. 신라를 세운 박혁거세의 부인 알영이 많은 덕을 행하자 백성들이 이를 찬미하기 위해 '알영 알영' 하고 노래 부르던 것이 '아리랑 아리랑'으로 변했다는 주장이에요.

한자 밝을 '광(光)'의 옛말인 '아리'와 고개를 뜻하는 '령(嶺)'이 합쳐졌다는 '아리령설'도 있어요. 이 밖에 '아리랑'은 특별한 의미 없이 리듬감을 살리기 위해 사용한 구절이라는 '여음설'도 많은 연구가들이 주장하고 있어요.

최근엔 우리 옛말에서 비롯됐다는 분석이 나와 눈길을 끌고 있어요. '아리'는 옛말에 '고운'의 뜻이고, '랑'은 '님'을 뜻해요. 즉, '아리랑'은 '고운 님'이라는 설명이에요. '아리'는 '그리운'의 뜻도 담고 있어요. '아리랑'은 '그리운 님'이라는 뜻으로도 해석할 수 있다는 것이지요.

'아리랑'의 수많은 말뜻만큼이나 〈아리랑〉 노래를 언제부터 불렀는가에 대해서도 다양한 주장이 있어요. 현재 고려의 마지막 충신들이 강원도 정선지역에 숨어 지내면서 부르기 시작했다는 설이 많은 지지를 받고 있어요.

1392년 이성계에 의해 고려가 멸망하자 조선을 인정할 수 없었던 고려 신하 72명이 개성에 있는 만수산 두문동에 들어가 밖으로 나오지 않았어요. '집에만 있고 바깥출입을 하지 않는다'는 뜻의 고사성어 '두문불출(杜門不出)'이 여기에서 나왔어요. 이 중 7인이 강원도 정선으로 옮겨 와 일생 내내 옛 임금을 그리워하였는데, 이들은 고려에 대한 회상, 가족에 대한 그리움 등을 한시로 지어 불렀어요. 이것을 들은 지역 선비들이 백성들에게 이해하기 쉽게 풀어서 알려 주었고, 여기에 백성들이 자신들의 감정을 더해 부른 것이 오늘의 〈정선아리랑〉이라는 설명이에요.

정선·영월지역을 중심으로 부르던 〈정선아리랑〉은 경복궁 보수공사를 계기로 전국으로 퍼졌다고 해요. 고종의 아

경복궁 전경 고종의 아버지 흥선대원군이 왕권 강화를 위해 막대한 자금을 들여 보수한 경복궁의 현재 모습이에요. (사진·이상곤)

버지 흥선대원군은 흔들리는 왕권을 다시 세우기 위해 임진왜란 때 불탄 경복궁을 수리하기로 했어요. 1865~1868년까지 진행된 경복궁 보수공사는 당시 국가 1년 예산의 10배나 되는 막대한 자금이 들어가는 큰 공사였어요. 전국의 백성들이 공사에 동원되었지요.

공사에 필요한 목재는 주로 강원도에서 한강을 통해 뗏목 형태로 운반했어요. 이때 정선·영월지역의 뗏목꾼들이 동원되었어요. 경복궁 보수공사를 할 때 농악대, 소리꾼들이 동원돼 공사에 나선 일꾼들을 위로하는 위문 잔치와 노래자랑이 펼쳐지곤 했대요. 이때 〈정선아리랑〉이 일꾼들에게 알려지면서 인기를 끌었고, 머지않아 전국 각지로 퍼졌어요. 이후 '아리랑', '아라리~', '아리아리' 같은 후렴만 남긴 채 지역마다 제각각의 노랫말과 가락을 만들어 불렀다는 설명이에요.

현재 전국에는 〈정선아리랑〉 외에 〈밀양아리랑〉, 〈진도아리랑〉, 〈상주아리랑〉, 〈정읍아리랑〉, 〈공주아리랑〉, 〈원산아리랑〉 같은 다양한 〈아리랑〉이 있어요. 여러 〈아리랑〉 중 〈정선아리랑〉, 〈밀양아리랑〉, 〈진도아리랑〉을 '3대 〈아리랑〉'으로 꼽아요. 그러나 가장 널리 알려진 〈아리랑〉은 〈경기아리랑〉이에요. 우리가 아리랑 하면 떠올리는 "아리랑 아리랑 아라리요, 아리랑 고개로 넘어간다. 나를 버리고 가시는 님은 십 리도 못 가서 발병 난다"는 노래가 바로 〈경기아리랑〉이에요.

아리랑의 종류

3대 〈아리랑〉

〈정선아리랑〉

〈정선아리랑〉은 우리나라 태백산맥을 기준으로 강원도 동·서쪽인 영동·영서지방에서 전해지고 있어요. 원래 '아라리'라고 불렀어요.

〈정선아리랑〉의 시작은 앞서 설명한 대로 조선 초기로 여겨져요. 다만 '아리랑, 아리랑~' 하는 후렴구를 붙여 부른 것은 조선 후기나 경복궁 보수공사 때로 추측하고 있어요.

〈정선아리랑〉은 가락이 느리고 구슬픈 것이 특징이에

요. 〈정선아리랑〉이 나라 잃은 고려 충신들이 자신의 심정을 시로 읊은 것에서 비롯했다는 점을 생각하면 이해가 가지요. 물론 많은 세월이 흐르면서 흥겨운 가락과 노랫말도 생겨났지만 우울한 분위기가 주를 이루고 있어요.

〈정선아리랑〉은 노래 수도 아주 많아요. 그때그때 떠오른 감정 그대로를 전해 내려오던 가락에 맞춰 불렀기 때문이에요. 정선군에 따르면 현재 발굴된 〈정선아리랑〉은 '인간관계 편' 347곡, '생활 편' 317곡, '환경 편' 157곡, '이성 편' 136곡 등 총 1,200여 곡에 달해요.

〈정선아리랑〉은 또 혼자 부르는 독창, 서로 주고받으며 부르는 선후창 방식이 대부분이에요. 여럿이 함께 부르는 제창은 없어요.

다음은 〈정선아리랑〉 '이성 편' 중 한 곡이에요.
정선 여량리에 사는 처녀와 유천리 총각의 애달픈 심정을 읊은 노래지요. 여량리와 유천리는 아우라지 강을 사이에 놓고 있어 배가 없으면 건널 수 없어요.

영월군 동강에서 열리는 뗏목 축제 모습 옛날 강원도 정선지역에서는 남한강 물길을 이용하여 뗏목을 엮어 나무를 서울까지 운반했어요. (사진·한국학중앙연구원)

어느 날 둘은 싸리골로 동박을 따러 가기로 약속했어요. 동박은 동백의 강원도 사투리예요. 그런데 전날 비가 내려 강물이 불어나는 바람에 나룻배가 떠내려가고 말아 둘은 강을 마주 보고 선 채 발만 동동 구를 수밖에 없었어요.

정선아리랑

(후렴) 아리랑 아리랑 아라리요
아리랑 고개 고개로 나를 넘겨주세

아우라지 뱃사공아 배 좀 건네주게
싸리골 올동박이 다 떨어진다

떨어진 동박은 낙엽에다 쌓이지
사시장철 임 그리워서 나는 못 살겠네

〈밀양아리랑〉

　〈밀양아리랑〉은 경상남도 밀양지방을 중심으로 전해 내려오는 민요예요. 아리랑의 말뜻 중 '아랑설'과 연관 있어요.
　〈밀양아리랑〉은 〈정선아리랑〉과는 달리 가락이 아주 경쾌하고, 박자도 비교적 빠른 것이 특징이에요.
　〈밀양아리랑〉을 언제부터 불렀는지는 알 수 없지만, 공식적인 기록으로는 1920년대부터 등장해요. 1926년 9월 26일 자 《매일신보》 광고란에 나온 '밀양아리랑타령'이 최초의 기록이에요. 10월 1일 자에는 〈밀양아리랑〉이 포함된 김금화의 음반 '일축조선소리판'이 소개되기도 했어요. 1930년대에 음반이 활발히 제작되면서 전국으로 퍼져 나갔어요.

　〈밀양아리랑〉은 특히 시대에 따라 다양하게 바꾸어 불렀어요. 노래가 경쾌한데다 누구나 쉽게 부를 수 있기 때문이에요. 대표적으로 일제강점기에 노랫말을 바꿔 〈독립군아리랑〉과 〈광복군아리랑〉 같은 군가로 사용했어요.

6·25전쟁 때 중공군들이 〈밀양아리랑〉을 〈빨치산 유격대 아리랑〉(파르티잔 아리랑)으로 개사해 불렀다는 기록도 있어요. 당시 중공군 내에 만주지역에 살던 조선족 항일부대원들이 많이 참여했던 것과 관련 있을 것으로 추측할 수 있지요.

현대에 와서는 1980년대에 민중민주운동 진영에서 〈신밀양아리랑〉을 만들어 불렀어요.

1, 2절은 사랑하는 임을 만나는 기쁨을 노래해요. 동지섣달은 음력 11, 12월을 말하는 것으로 추운 겨울을 뜻해요. 꽃이 필 수 없는 겨울철에 꽃을 본 듯이 아주 반갑게 나를 보아 달라는 말이에요. 2절은 님을 만나 반가운데 수줍어서 인사도 제대로 못 하는 모습을 그리고 있어요. 행주치마는 허리 아래만 덮는 덧치마의 일종으로, 부엌에서 주로 입는 치마예요.

〈밀양아리랑〉 조형물 밀양 아리랑대공원에 설치된 〈밀양아리랑〉 가사 조형물이에요. (사진·밀양시청)

3절은 밀양강 풍경을 그렸어요. 남천강은 밀양강의 다른 이름이고, 영남루는 밀양강 옆에 있는 유명한 누각이에요. 벽공은 푸른 하늘을 뜻하고, 아랑각은 아랑의 넋을 위로 하기 위해 지은 누각이에요.

4절의 '애화'는 슬픈 이야기라는 뜻이에요. 5절의 진주 의암은 기생 논개가 임진왜란 때 왜군 장수를 끌어안고 진주강에 떨어져 죽은 바위를 말해요. 6절은 저 건너 대나무 숲은 굳건히 서 있는데, 아랑은 억울하게 죽어 사라지고 넋만 남아 있으니 슬프다는 내용이에요. 7절의 '천추'는 긴 세월을 뜻해요. 아랑이 죽음으로써 절개를 지키니 그 높은 뜻이 오래도록 빛난다는 말이에요.

밀양아리랑

(후렴) 아리아리랑 쓰리쓰리랑 아라리가 났네
아리랑 고개로 날 넘겨주소

1. 날 좀 보소 날 좀 보소 날 좀 보소
   동지섣달 꽃 본 듯이 날 좀 보소

2. 정든 님이 오시는데 인사를 못해
   행주치마 입에 물고 입만 방긋

3. 남천강 굽이쳐서 영남루를 감돌고
   벽공에 걸린 달은 아랑각을 비추네

4. 영남루 명승을 찾아가니
   아랑의 애화가 전해오네

5. 밀양의 아랑각은 아랑넋을 위로코
   진주의 의암은 논개충절 빛내네

6. 저 건너 대숲은 의연한데
   아랑의 설운 넋이 애달프다

7. 아랑의 굳은 절개 죽음으로 씻었고
   고결한 높은 지조 천추에 빛난다

〈진도아리랑〉

 〈진도아리랑〉은 진도를 중심으로 전라도 일대에서 불리던 민요예요. 옛날 진도 총각이 경상도 부잣집에서 머슴살이를 하다가 주인집 딸과 사랑하게 되었는데, 두 사람은 쫓기는 몸이 되어 진도로 도망쳐 온 뒤 정답게 살다가 총각은 병으로 죽었다는 이야기가 전해지고 있어요.
 〈진도아리랑〉은 지역 향토민요와 〈밀양아리랑〉의 영향을 받았어요. 노래 구조는 노랫말과 후렴을 주거니 받거니 하는 돌림노래예요. 기존 가사를 바탕으로, 부르는 사람이 새로운 내용을 계속 덧붙일 수 있어요. 노랫말은 주로 사랑이나 이별, 일상적인 삶의 이야기 등을 담고 있어요. 특히 욕·익살 같은 표현이 많은 것이 특징이에요.
 진도 출신 악사 박종기가 편곡해 1928년 〈진도아리랑〉이라는 이름으로 첫 음반을 내놓았어요.

 1절의 '문경새재'는 소백산맥을 가로지르는 고개를 말해

진도아리랑 진도군에서 열리는 '진도토요민속여행' 공연에서 국악인들이 〈진도아리랑〉을 부르는 모습이에요. (사진·진도군)

요. 고개의 굴곡이 워낙 심해 구불구불하다 보니 올라다니기에 힘들어 눈물이 난다고 했어요.

   2절의 '만경창파'는 한없이 넓고 푸른 바다를 뜻해요.

   5절의 '만학은 천봉'은 첩첩이 겹친 깊고 큰 골짜기와 수많은 산봉우리를 말하고, '백사지'는 모래땅이라는 뜻이에요.

진도아리랑

(후렴) 아리아리랑 쓰리쓰리랑 아라리가 났네
아아리랑 응응응 아라리가 났네

1. 문경새재는 왠 고갠고
   구부야 구부구부가 눈물이로구나

2. 만경창파에 두둥둥 뜬 배
   어기여차 어야디여라 노를 저어라

3. 만나니 반가우나 이별을 어이해
   이별이 되랴거든 왜 만났던고

4. 노다 가세 놀다나 가세
   저 달이 떴다 지도록 놀다 가세

5. 치어다 보니 만학은 천봉

    내려 굽어보니 백사지로구나

    원수 년의 탄광 모집이 니 정 내 정을 띤다

6. 님이 죽어서 극락을 가면

    이내 몸도 따라가지 지장보살

7. 왜 왔던고 왜 왔던고

    울고 갈 길을 내야 왜 왔던고

8. 다려가오 날 다려가오

    우리 님 뒤따라서 나는 가네

흙의 노래에서 사회의 노래로

〈아리랑〉은 조선 말기인 19세기 말~20세기 초에 이르러 새로운 전환점을 맞게 됐어요. 이 당시는 조선이 위기에 처한 상태였어요. 조선 지배층에 대한 백성들의 불만이 커졌고, 러시아, 청나라, 일본이 조선을 침탈하려고 호시탐탐 노리고 있었어요.

이런 시대 상황을 맞아 〈아리랑〉의 노랫말도 크게 바뀌었어요. 사회에 대한 풍자와 비판, 외세와 지배계급에 대한 저항을 담은 노랫말들이 많아지게 되었어요.

다음은 이 시기에 불렀던 〈아리랑타령〉이에요.

아리랑타령

(후렴) 아리랑 아리랑 아라리요
아리랑 띄어라 노다 가세

1. 이씨의 사촌이 되지 말고
   민씨의 팔촌이 되려무나

2. 남산 밑에다 장춘단을 짓고
   군악대 장단에 받들어총만 한다

3. 아리랑고개다 정거장을 젓고
   전기차 오기만 기다린다

4. 문전의 옥토는 어찌 되고
   쪽박의 신세가 웬 말인가

5. 밭은 헐어서 신작로 되고
   집은 헐어서 정거장 되네

〈아리랑〉이 예전에는 개인의 기쁨과 슬픔, 삶에 대한 넋두리, 임에 대한 그리움 같이 개개인의 감정을 주로 읊었거든요. 이에 비해 〈아리랑타령〉은 사회에 대한 풍자와 비판의 내용이 많은 것을 알 수 있어요. 이런 변화에 대해 한 연구가는 '흙'의 〈아리랑〉에서 '사회'의 〈아리랑〉으로 바뀌었다고 설명했어요.

1절에 나온 '이씨'는 조선 왕족을, '민씨'는 고종황제의 비인 명성황후 민씨를 말해요. 명성황후와 그 친척들이 권력을 쥐고 국정을 좌지우지하던 상황을 비꼰 것이에요.

2절의 '장춘단'은 1895년 일본 자객들이 명성황후를 죽인 을미사변 때 전사한 군인들의 영령을 모신 사당이에요. '받들어총'은 군인들이 경의를 나타내는 동작을 말해요. 2절은 일제의 만행을 알리고, 나라는 튼튼히 세우겠다는 의지의 표현으로 장춘단을 지었지만, 실제로는 실속 없이 의식 훈련만 하는 군대를 비아냥거린 내용이에요.

3절은 민중의 생활과 동떨어진 개화를 비판하고 있어

요. 1899년 서울에 전차가 개통돼 서대문~종로~청량리를 운행했어요. 전차가 다니지도 않는 정릉 '아리랑고개'에 정거장을 짓고 전차 오기를 기다린다는 내용이에요.

　4절의 '옥토'는 좋은 땅을, '쪽박'은 작은 바가지를 말해요. 옛날 거지들이 동냥할 때 쪽박에 밥을 구걸해 먹었어요. '쪽박의 신세'는 거지처럼 가난한 신세가 되었다는 것을 비유한 말이에요. 일제에 의해 집 근처의 좋은 땅을 모두 빼앗기고, 동냥하는 신세가 됐음을 한탄한 내용이에요. 넓게는 일제의 경제 수탈로 백성들이 헐벗게 됐음을 의미한 것으로 볼 수 있어요.

　또 5절의 '신작로'는 옛날 사람이 다니던 좁은 길 대신 자동차가 다닐 수 있도록 낸 큰길을 말해요. 5절 역시 일제의 수탈을 꼬집은 노랫말이에요.

　전체적으로 민씨 일가에 대한 비판에서부터 일제의 식민지 수탈까지, 민중들의 삶이 헐벗게 된 것에 대한 날카로운 풍자와 비판을 담고 있다고 볼 수 있어요.

동학농민군과 〈아리랑〉

조선 사회를 뒤흔든 1894년 동학농민혁명 때도 백성들은 다양한 〈아리랑〉을 만들어 불렀어요.

동학농민혁명은 나쁜 관리들 횡포에 견디다 못한 백성들이 나라를 지키고 백성을 편안하게 한다는 '보국안민(輔國安民)'을 내걸고 떨쳐 일어선 민중 봉기예요. 그러나 외세인 청나라와 일본이 들어와 동학농민군을 탄압하면서 봉기는 외세를 반대하는 투쟁으로 바뀌었어요. 동학농민혁명은 일제의 막강한 화력에 밀려 실패로 끝났지만, 그 정신은 일제강점기 항일 독립투쟁으로 이어졌어요.

새야 새야 파랑새야 녹두밭에 앉지 마라
녹두꽃이 떨어지면 청포장수 울고 간다

이 무렵에 민중들에게 가장 익숙한 노래는 〈새야 새야 파랑새야〉예요. 동학농민혁명 지도자 전봉준을 '녹두장군'

녹두장군 전봉준 1894년 12월 체포되어 한성부(현재 서울)로 압송되는 모습이에요. 묶인 채 가마에 앉아 있는 이가 전봉준 장군이에요. (사진·위키피디아)

이라고 불렀어요. '녹두'는 크기는 작지만 매우 단단해요. 당시 키가 작았던 전봉준의 상징처럼 여겨졌어요.

'파랑새'는 파란 군복을 입은 일본군을 뜻해요. 녹말묵을 파는 행상을 뜻하는 '청포장수'는 핍박받는 백성을 말해요. 즉, 노래는 "일본군아, 동학농민군을 짓밟지 마라, 전봉준 장군이 쓰러지면 백성이 슬피 운다"라는 의미가 되어요.

경상도 지역 아리랑

(후렴) 아리랑 아리랑 아라리요
아리랑 고개로 날 넘겨주게

1. 할미성 꼭대기 진을 치고
　왜 병정 오기만 기다린다.

2. 오라배 상투가 웨그런고
　병자년 지내고 안그런가

3. 개남아 개남아 김개남아
　그 많던 군대 어데 두고
　짚둥우리가 웬 말이냐

4. 봉준아 봉준아 전봉준아
　양에(헤)야 양철을 짊어지고
　놀미 갱갱이 패전했네

의병들의 〈아리랑〉

앞의 노래는 경상도 지역에서 부른 〈아리랑〉이에요. 임진왜란, 병자호란, 동학농민전쟁이 섞인 노랫말이 들어 있어요.

1절의 '할미성'은 경북 문경의 고모산성을 그렇게 불렀어요. 1592년 4월 부산에 상륙한 왜군은 보름 만에 문경까지 밀고 올라왔어요. 문경새재는 전략적으로 아주 중요한 길목이었어요. 그곳만 넘으면 한양을 점령하는 것은 시간문제였어요. 그러나 조선군은 작전 실패로 엄청난 희생을 남긴 채 문경새재 방어에 실패했어요.

2절은 병자호란에 대한 노랫말이에요. 병자호란은 1636년 12월 청나라가 조선을 침략한 전쟁이에요. 두 달 만에 조선은 항복했어요. 인조는 삼전도에서 청 태종 앞에 나가 세 번 절하고 아홉 번 머리를 땅에 찧는 굴욕적인 항복 의식을 치렀지요. 이로 인해 조선은 청의 신하 나라가 되었어요. 또 상당한 배상금을 주었고, 20만 명의 백성이 청나라로 끌려갔어요.

  3, 4절은 동학농민혁명에 관한 노랫말이에요. 혁명군 지도자의 패배를 아쉬워하는 내용이에요. 3절에서 등장하는 '김개남'은 전봉준 장군과 함께 동학농민혁명을 이끈 지도자예요. 관군에 잡혀 한양으로 끌려가던 도중 전주에서 처형당했어요. 몰려드는 백성들을 보고 한양도 가기 전에 백성들의 봉기가 다시 일어날까 걱정했기 때문이에요. '짚둥우리'는 볏짚으로 엮은 둥우리로, 김개남 장군을 잡아갈 때 짚둥우리로 덮어씌워 소달구지로 끌고 갔어요. 3절 후반부에는 '수많은 군사 어데 두고 전주야 숲에 유시했노'로 불리기도 해요. '유시'는 버려진 시체를 뜻해요.

  4절은 서양식 무기를 탈취해 진군하던 전봉준 장군이 충남 논산과 강경에서 관군에게 패배한 것을 노래했어요. '양철'은 서양식 무기를 말하는 것 같아요. '놀미'는 논산,

'갱갱이'는 강경의 충청도 사투리예요.

동학농민혁명 당시 파랑새 노래 말고도 다양한 〈아리랑〉을 불렀어요. 특이한 노랫말을 가진 아리랑을 여러 지역에서 불렀어요.

원수로다 원수로다
총 가진 포수가 원수로다

이 가사는 〈함흥아리랑〉, 〈영일아리랑〉, 〈상주아리랑〉 등에서 발견할 수 있어요. 여기서 '포수'는 동물을 사냥하는 포수가 아니고, 총으로 무장한 일본군을 말하는 것이에요. 불의를 참다못해 봉기한 백성들을 무참하게 짓밟은 일본군에 대한 분노를 〈아리랑〉 노랫말에 담아 부른 것으로 여겨져요.

동학농민혁명은 일본 침략군에게 처절하게 짓밟혔지만,

그 정신은 모든 백성의 가슴속 깊이 새겨져 의병 활동으로 이어졌어요. 1895년 명성황후가 일본 자객들에 의해 암살된 을미사변이 발생하자 일본에 항의하는 의병이 일어났어요. 주로 유학을 배우던 선비들이 중심이었어요. 의병 활동은 해가 바뀌자 대부분 수그러졌어요.

조선을 삼키려고 호시탐탐 노리던 일제는 결국 1905년 강제로 을사조약을 체결했어요. 이로써 1897년 수립된 대한제국은 외교권을 빼앗겨 사실상 국권을 잃어버렸어요. 이에 수많은 의병이 다시 떨쳐 일어섰어요. 이를 '정미의병'이라고 해요. 이번에는 일반 백성들이 의병의 대부분을 차지했어요. 이들 곁에도 〈아리랑〉이 있었어요.

그러나 의병들의 저항에도 불구하고 일본은 1910년 강제로 한일병합조약을 통해 대한제국을 완전히 삼켜버렸어요. 경술년에 일어난 '국가적 치욕'이라는 의미에서 '경술국치'라고도 불러요. 《매천야록》이라는 유명한 역사 기록물을 남긴 선비 황현은 스스로 목숨을 끊어 일제 침략에 강력히 반대했어요.

다음은 〈춘천 의병아리랑〉이에요.

이 노래에는 위기에 빠진 나라를 구하겠다는 의지와 충정심이 절절하게 느껴져요. 5절은 일본이 명성황후를 살해한 을미사변을 읊은 것이에요.

춘천 의병아리랑

(후렴) 아리랑 아리랑 아라리요
아리랑 얼싸 배 띄어라

1. 나라 없이 살 수 없네 나라 살려보세
　　조상 없이 살 수 없네 조상 살려보세

2. 살 수 없다 한탄 말고 왜놈을 잡아
　　임금 앞에 꿇어앉혀 우리 분을 푸세

3. 잊지 마라 명예도 지위도 다 버리고
　　이 강산 굳게굳게 지켜나다오

4. 동녘에 둥근달아 우리우리 군대
　　명랑하게 두고두고 비추어다오

5. 우리가 무슨 무슨 잘못이 있어
　　우리의 왕비를 해하였느냐

6. 송죽 같은 봉위산 억만년 지나도
　　조국의 하날 높이 우렁차게 불어다오

7. 금수야 강산아 조국의 땅이거든
　　우리의 군대를 보존하여다오

8. 춘천에 비친 달아 우리 군대를
　　청명하게 환하게 비추어다오

9. 강산아 너도 조국 땅이거든
　　굳게굳게 이 나라를 지켜나다오

10. 이 몸은 송죽같이 되겠노라고
　　 잊지 마라 명산대천 조국을 지켜다오

영화 《아리랑》과 나운규

　대한제국을 삼켜버린 일본의 식민 통치는 갈수록 포악해졌어요. 조선인들의 모임과 단체활동을 엄격히 금지했고, 토지조사사업을 핑계로 백성들의 소중한 땅을 마구 빼앗았어요. 일제의 수탈에 지친 많은 백성이 정든 고향을 등지고 만주로, 시베리아로 떠나야 했어요.
　참다못한 이천만 민중들은 1919년 3월 1일 전국에서 떨쳐 일어나 "대한독립 만세"를 외쳤어요. 일제는 총칼을 앞세워 3·1운동을 짓밟았어요. 그러나 일제가 포악해질수록 민중들의 독립에 대한 열망과 일제에 대한 저항은 더욱 불타올랐어요.
　그러던 중 1926년 10월 1일 개봉한 한 편의 영화가 온 나라를 뒤흔들었어요. 우리나라 최초의 영화관 '단성사'에서 막을 올린 나운규의《아리랑》이 그것이에요.

　나운규가 원작·감독·각본·주연 등 1인 4역을 맡은 영화

춘사 나운규(왼쪽)와 영화 《아리랑》 포스터(오른쪽) 나운규는 원작·감독·각본·주연 등 1인 4역을 맡아 영화 《아리랑》을 만들었어요. 이 포스터는 나운규의 《아리랑》을 1957년에 리메이크한 영화 포스터예요. (사진·위키피디아)

《아리랑》은 조선 청년의 이야기예요.

어느 시골 마을에 김영진이라는 청년이 있었는데, 3·1운동에 참여했다가 붙잡혀 혹독한 고문을 당했어요. 이로 인해 정신이상을 일으켜 고향에서 쉬고 있었어요.

같은 동네에 사는 일본 순사 오기호는 영진의 예쁜 여동생 영희에게 흑심을 품고 있었어요. 어느 날 오기호는 집에 있는 영희를 겁탈하려 했는데, 이때 영진이 오기호를 낫으로 찍어 죽였어요. 그 충격에 영진은 정신이 돌아왔어요.

영진은 일본 경찰에 끌려 고개를 넘어가면서 마을 사람들에게 "함께 부르던 아리랑을 불러달라"고 외치고, 마을 사람들은 〈아리랑〉을 부르고 또 불렀어요.

영화《아리랑》은 이천만 동포의 가슴에 불을 질렀어요. 영화가 끝날 즈음 극장 안은 온통 눈물바다가 되었고, 관객 중에는 "대한독립 만세"를 외치는 사람도 있었다고 해요. 한 영화감독은 "마치 어느 의열단원이 서울 한구석에 폭탄을 던진 듯한 설렘을 느끼게 했다"고 그 당시 분위기를 설명했어요.

영화에서 영진이 끌려갈 때 마을 사람들이 불러준 〈아리랑〉은 단순히 노래가 아니었어요. 그것은 나라 잃은 백성의 설움과 슬픔을 달래 주는 따뜻한 손길이자, 이천만 동포의 가슴속에 응어리져 있던 민족혼을 일깨우는 진군의 나팔 소리였어요. 영화《아리랑》은 이후 수년간 전국은 물론 중국, 일본에 사는 동포사회에서도 상영될 정도로 인기가 높았어요.

　이 영화를 통해 구전민요였던 〈아리랑〉은 비로소 겨레의 노래가 되었어요. 전국 방방곡곡, 남녀노소 할 것 없이 즐겨 불렀어요. 당시 한 대중잡지는 "요사이 아리랑타령이 어찌나 유행되는지 밥 짓는 어멈도 아리랑, 공부하는 학생도 아리랑, 젖 냄새나는 어린아이도 아리랑을 부른다"고 전할 정도였어요.

　이 노랫말은 이후 〈아리랑〉의 '정본'처럼 받아들여지고 있어요. 현재 〈아리랑〉 하면 대부분 이 가사를 떠올려요. 그러나 엄밀히 말하면 이 노랫말은 나운규가 〈경기아리랑〉을 살짝 바꿔서 만든 거예요.

　영화 《아리랑》은 많은 수난을 당했어요. 홍보 전단 1만여 장이 일본 경찰에 압수 당했는데 전단에 들어간 '문전옥답은 어디 가고 동냥의 쪽박은 웬 말인가'라는 문구가 일제의 심기를 건드렸기 때문이에요. 일제 침략으로 논밭을 빼앗기고 거지가 된 백성들 마음을 나타냈기 때문이지요.

나운규는 민족혼을 일깨우기 위해 이 영화를 만들었는데, 무성영화인《아리랑》은 처음 '고양이와 개'라는 자막을 띄우는 것으로 시작해요. 이어 남자 주인공 영진과 악질 지주이자 일제 앞잡이 오기호가 서로 쫓고 쫓기는 장면으로 이어져요. 일본과 조선, 억압하는 자와 억압받는 자 간의 갈등이 영화의 주제임을 내보이고 있어요. 게다가 영화를 개봉한 날은 마침 일제가 경복궁 안에 조선총독부 건물을 완공한 축하식을 거행하던 날이었어요. 나운규가 행사에 맞불을 놓은 셈이지요. 현재 아쉽게도 영화《아리랑》의 원본 필름을 찾지 못하고 있어요.

이 영화를 만든 나운규는 1902년 함경북도 회령에서 태어난 영화인이자 독립운동가였어요. 간도에 있는 명동중학교 재학시절, 회령 3·1독립만세운동을 주도한 혐의로 일본 경찰의 수배를 받았어요. 당시 명동중학교는 독립운동의 산실이었어요. 시인 윤동주도 이 학교 출신이에요. 나운규는 검거를 피해 러시아에 있다가, 1920년 간도로 되돌아와 독립군 결사대 조직 '도판부'에 가입해 활동했어요.

"공부를 해야 더 큰 독립운동을 할 수 있다"는 충고를4 들은 그는 서울 연희전문학교에 입학했으나, 일본 경찰에 잡혀 2년형을 선고받고 1921~1923년 3월까지 청진형무소에서 복역했어요.

감옥에서 나와 회령에 머물던 그는 인생을 바꾸게 되는 기회를 만났어요. 1924년 1월 공연차 회령을 방문한 극단에 가입하면서 영화와 인연을 맺게 되어 이후 나운규는 영화를 통해 독립운동을 했던 것이지요.

나운규는 영화 《아리랑》의 대성공으로 조선 영화계를 대표하는 인물로 떠올랐어요. 그러나 이전부터 앓고 있던 폐병이 악화하여 1937년 8월 9일, 36세의 젊은 나이로 세상을 떠났어요.

그 후 대한민국 정부는 1993년 건국훈장 애국장을 나운규에게 수여했어요. 국가보훈처는 2016년 10월, '이달의 독립운동가'로 나운규를 선정해 뜻을 기리기도 했어요.

영화 《아리랑》 주제가

(후렴) 아리랑 아리랑 아라리요
아리랑 고개로 넘어간다

1. 나를 버리고 가시는 님은
   십 리도 못 가서 발병 난다

2. 청천 하늘에 별도 많고
   우리네 살림살이 말도 많다

3. 세상 인심도 무정도 한데
   요 내 마음은 유정도 해라

4. 저기 저 고개 내 마음 안다
   내 마음 어디 두고 이 꼴이 됐나

5. 풍년이 온다네 풍년이 와요
   이 강산 삼천리에 풍년이 와요

6. 산천에 초목은 젊어만 가고
　　인간의 청춘은 늙어만 가네

7. 문전옥답은 다 어디로 가고
　　동냥의 쪽박이 웬 말인가

8. 괴나리봇짐을 짊어지고
　　아리랑 고개로 넘어간다

9. 싸호다 싸호다 아니 되면
　　이 세상에다가 불을 지르자

10. 바람이 불며는 비 온다는데
　　 어떤 아낙이 빨래하러 가나

11. 서산에 지는 해는 지고 싶어 지나
　　 나를 두고 가는 님은 가고 싶어 가나

독립군 군가가 된 〈아리랑〉

일제강점기 조선 백성 대부분은 농민이었어요. 조선총독부 통계에 따르면, 1932년 남의 땅을 일구어 먹고사는 소작농이 전체 농민의 절반이 넘었어요. 약간의 자기 땅을 갖고 있는 자작농을 합하면 무려 80%에 달했어요. 당시 농민들은 열심히 농사를 지어도 하루 세끼 먹기도 어려운 실정이었던 거죠.

게다가 일제는 근대적 토지 소유제도를 마련한다는 핑계로 수많은 백성의 토지를 빼앗아 갔어요. 예를 들어 조선 후기에는 농민이 대대로 농사를 짓고 있어도 그 토지 소유권을 문서로 남겨 놓지 않은 땅들이 많았어요. 일제는 토지조사사업을 하면서 이 같은 땅을 국가 소유 토지라며 모두 몰수한 뒤 총독부 소유로 바꾸었어요. 특히 농민들의 '경작권'을 인정하지 않아 땅 없는 농민들을 더욱 궁지로 몰았어요. 경작권은 땅에 대한 소유권은 없지만, 농사를 지을 수 있는 권리를 말해요.

일제강점기 전에는 토지 주인이라도 함부로 경작권을 빼앗을 수 없었어요. 소작인이라도 경작권을 받았기 때문에 쫓겨날 걱정 없이 안정적으로 농사를 지을 수 있었지요. 하지만 이제 농민들은 계약에 의한 소작농으로 처지가 추락했어요. 땅 주인이 계약을 해지하면 더 이상 그 땅에서 농사를 지을 수 없게 되었어요. 소작료도 갈수록 올라, 수확량의 70~80%에 달하는 경우도 있었어요.

결국 많은 백성이 일제의 수탈을 견디다 못해 중국 만주와 러시아 연해주 같은 곳으로 이주했어요. 이주민들은 이미 일제의 심한 핍박을 받았기에 일제에 대한 분노가 매우 컸어요. 거기다 타국에서의 설움까지 겹쳐 빼앗긴 나라를 되찾는 것에 대한 열망이 아주 강했어요. 이 때문에 많은 이주민이 독립군이 되거나, 독립군을 적극 지원했어요.

이역만리 머나먼 곳에 있는 독립군들이 부른 군가 가운데 〈독립군아리랑〉과 〈광복군아리랑〉이 있어요. 이 노래는 경쾌한 곡조에 일본을 반드시 무찌르고, 독립을 이루

독립군아리랑

(후렴) 아리랑 아리랑 쓰리쓰리랑 아라리요
독립군아리랑 불러나 보세

1. 이조 왕 말년에 왜난리 나니
   이천만 동포들 살길이 없네

2. 일어나 싸우자 총칼을 메고
   일제놈 쳐부숴 조국을 찾자

3. 내 고향 산천아 너 잘 있거라
   이내 몸 독립군 따라가노라

4. 부모님 처자를 이별하고
   왜놈을 짓부숴 승리를 하자

5. 태극기 휘날려 만세 만만세
   승전고 울리며 돌아오리라

광복군아리랑

(후렴) 아리 아리랑 쓰리 쓰리랑 아라리요
광복군아리랑 불러나 보세

1. 우리네 부모가 날 찾으시거든
　 광복군 갔다고 말 전해주오

2. 광풍이 불어요 광풍이 불어요
　 삼천만 가슴에 광풍이 불어요

3. 바다에 두둥실 떠오는 배는
　 광복군 싣고서 오시는 배래요

4. 아리랑(둥실령) 고개서 북소리 둥둥 나더니
　 한양성 복판에 태극기 펄펄 날려요

겠다는 강한 의지가 엿보여요.

〈독립군아리랑〉은 윤세주 열사가 〈밀양아리랑〉 가락에 가사를 붙였다는 설이 있어요. 1901년 밀양에서 태어난 윤 열사는 죽마고우인 김원봉과 함께 1919년 의열단을 조직한 분이에요. 그는 조선총독부를 폭파할 거사를 꾸미다 1921년 체포돼 7년간 옥살이도 했어요. 감옥에서 나온 후 다시 독립군에 들어가 일본군과 싸웠어요. 윤세주 열사는 1942년 베이징 남쪽에 있는 타이항산 전투에서 전사했어요.

1919년 3월 1일 독립선언 이후 통일된 지도부를 만들기 위해 대한민국을 세우고, 임시정부를 만들었어요. 독립운동가들은 임시정부를 수립하는 작업에 나서 그해 4월 11일 국회에 해당하는 대한민국 임시의정원에서 조소앙 선생이 기초한 '대한민국 임시헌장'을 선포했어요. 이는 대한민국 임시정부를 수립할 수 있게 하는 첫 헌법이에요. 나라 이름을 '대한민국'으로 정하고, 정치체제를 '민주공화제'로 못박았어요.

민주공화국 대한민국의 틀을 갖춘 것이에요. 이후 임시정부는 항일 독립운동의 지도부 역할을 했으며, 1940년 9월엔 한국광복군을 조직했어요. 한국광복군은 240명 정도로 출발했으나 만주, 간도 지역의 다양한 항일무장 독립운동단체와 연계하면서 그 규모를 키워 갔어요. 광복군도 〈광복군아리랑〉을 부르며 독립에 대한 의지를 불태웠어요.

1절에서는 광복군으로 나서는 전사의 마음을, 2절에서는 일제에 맞서는 결사 항전의 의지를 느낄 수 있어요. 3절에서는 일제를 물리치고 조국으로 돌아오는 승리에 대한 염원을, 4절에서는 독립된 조국의 모습을 그리고 있어요.

이 노래는 밀양 출신 김학규 광복군 3지대장이 〈밀양아리랑〉 곡조에 맞춰 가사를 붙였어요. 3지대에서 주로 불리다 점차 광복군 전체로 퍼졌어요. 1940년 광복군은 이 노래를 〈용진가〉, 〈압록강 행진곡〉과 함께 광복군 3대 군가로 정했어요.

광복군 사열식 광복군 제2지대원들이 사열을 위해 차렷 자세를 취하고 있어요. (사진·한중문화협회)

한국광복군은 1941년 일본군이 미국 진주만을 공격하여 태평양전쟁을 일으키자 일제에 선전포고를 했어요. 영국군과 함께 미얀마 전투에 참가해 전과도 올렸어요. 1945년엔 광복군 2지대장 이범석 장군의 지휘로 국내진공작전을 계획했지만, 일본의 항복으로 무산되었어요.

그러나 해방 후 남한을 점령한 미군정은 대한민국 임시정부와 한국광복군을 인정하지 않았어요. 할 수 없이 이

들은 모두 개인 자격으로 국내에 들어와야 했어요.

 이 밖에도 일제에 맞서 싸웠던 많은 독립운동가들은 다양한 〈아리랑〉을 만들어 불렀어요. 그중 〈아리랑 옥중가〉도 있어요. 이 노래는 감옥에서 갇힌 채 사형집행을 기다리는 독립운동가들 심정을 읊은 노래예요.
 1, 2절은 사형선고와 사형집행을 기다리는 절박한 심정을 그리고 있어요. 3절은 열두 고개라는 '죽음'보다 더 중요한 열세 고개 '조국의 독립'에 대한 염원을 담고 있어요.
 조국의 독립을 위해 기꺼이 목숨까지 바쳤던 독립운동가들의 숭고한 정신을 느낄 수 있어서 절로 고개가 숙여져요.

아리랑 옥중가

1. 운명의 선고를 기다리며
   나 이제 생사 갈림길에 섰네
   아리랑 아리랑 아라리요
   마지막 고개로 넘어가련다

2. 아리랑 고개에 간이역 하나 짓고
   집행인 기차를 기다려야 하니
   아리랑 아리랑 아라리요
   마지막 고개를 넘어가련다

3. 동지여 동지여 나의 동지여
   그대 열두 구비에 멈추지 마라
   아리랑 열세 구비를 넘으련다

4. 아리랑 아리랑 아라리요
　　아리랑 고개를 넘어간다
　　아리랑 고개는 열두 구비
　　마지막 고개를 넘어간다

　　(이하 생략)

해방과 분단 그리고 〈아리랑〉

　수많은 독립운동가들이 목숨 바쳐 되찾으려 했던 조국의 자주독립이 마침내 우리 앞에 찾아왔어요. 1945년 8월 15일, 삼천리 방방곡곡의 동포들은 모두 뛰쳐나와 해방의 기쁨을 누렸어요. 그러나 그것도 잠시뿐이었어요. 남과 북은 38선으로 나뉘었고, 우리 민족은 원치 않는 이별을 하게 되었어요.

　게다가 남북분단에 따른 1950년 6·25전쟁으로 우리 민족은 결코 씻지 못할 상처를 안게 됐어요. 무엇보다 수많은 이산가족이 생겨 이별의 고통을 겪고 있어요. 지금까지 파악된 이산가족은 약 13만 4,000여 명이에요. 가족을 포함할 경우 50만 명이 넘어요. 이미 많은 분들이 끝내 그리운 가족을 만나지 못한 채 돌아가셨어요. 지금은 3만 8,000여 명만 살아남아 가족과 만날 날을 손꼽아 기다리고 있어요.

　남북이 분단되면서 불필요한 경쟁도 하고 있어요. 남북

38선에 선 김구 1948년 남북분단을 막기 위해 평양 방문에 나선 김구 전 임시정부 주석이 38선 팻말 앞에서 비서들과 함께 서 있는 모습이에요. (사진·위키피디아)

이 서로 으르렁거리면서 상대보다 강한 전쟁 무기를 갖추기 위해 엄청난 돈을 쏟아붓고 있어요. 때로는 남북 분위기가 험악해져 전쟁 위기가 높아지기도 해요. 남과 북이 하루빨리 평화로운 분위기를 만들어야 해요.

아리랑 삼팔선

아리랑 아리랑 아라리요
38선 고개에 가마귀 운다
38선 고개는 못 넘는 고개
3천만 원한이 사뭇치고나

아리랑 아리랑 아라리요
38선 고개는 못 넘는 고개
네가 잘나서 해방이든가
숫자가 나빠서 따라지로다

아리랑 아리랑 아라리요
38선 고개가 원수로다
38선 고개에 사라진 낭군
3년째 들어도 소식이 없네

아리랑 아리랑 아라리요
38선 고개는 못 넘는 고개
나를 버리고 가시는 님은
38선 고개서 발병이 나요

아리랑 아리랑 아라리요
38선 고개는 못 넘는 고개
아리랑 고개는 넘기나 하련만
38선 고개는 넘지도 못해

남북이 분단될 무렵인 1948년 〈아리랑 삼팔선〉이 나왔어요. 이 노래는 "38선 고개는 못 넘는 고개"라고 반복적으로 읊조려요. 3,000만 동포가, 남편 소식을 기다리는 여인이 38선 때문에 남과 북을 자유롭게 오가지 못하는 현실을 원망하고 있어요.

노래 중간에 나온 "네가 잘나서 해방이든가, 숫자가 나빠서 따라지로다"에서 '따라지'는 노름판에서 나온 말이에요. 38선의 3과 8을 더해 나온 11에서 제일 낮은 수 '1'은 한 끗을 뜻해요. 수가 높을수록 좋은 노름판에서 아주 나쁜 패를 의미하지요. 보통 보잘것없거나 하찮은 처지에 놓인 사람이나 물건을 속되게 이르는 말이에요. 이 노래에서는 38선을 원망하는 의미로 활용했어요.

이제 우리 〈통일아리랑〉을 부를 때

1991년 2월, 남과 북은 분단 46년 만에 남북 탁구 단일팀 '코리아팀'을 구성했어요. 4월 일본 지바에서 열린 세계탁구선수권대회를 불과 2개월 앞둔 시점이었어요. 코리아팀은 한 달 밖에 손발을 맞추지 못했어요. 우리가 상대해야 할 팀은 중국. 세계선수권대회를 8연패 한 세계 최강팀이었어요.

마침내 4월 26일 결승전에서 코리아팀과 중국이 만났어요. 손에 땀을 쥐게 하는 숨 막히는 대결 끝에 코리아팀은 3대 2로 중국을 꺾고 세계 정상에 우뚝 섰어요.

기적 같은 승리의 순간, 체육관은 감동의 물결로 떠나

지바 세계탁구선수권대회에서 우승한 남북 단일팀 '코리아팀' 여자 선수들 왼쪽부터 홍차옥(대한민국), 유순복(북한), 현정화(대한민국), 리분희(북한) 선수예요. (사진·연합뉴스)

갈 듯했어요. 경기 내내 목이 터져라 '코리아'를 외쳤던 재일 교포와 남북응원단은 서로 얼싸안고 감격의 눈물을 흘렸어요. 한반도가 관중석을 뒤덮었고, "우리의 소원은 통일, 꿈에도 소원은 통일~"이 울려 퍼졌어요. 그 순간만큼은 남과 북 모두가 한겨레, 한 동포였어요.

시상대 가장 높은 자리에 코리아팀이 섰고, 그 머리 위로 한반도기가 걸렸어요. 코리아팀 국가로 〈아리랑〉이 웅

장하게 울려 퍼졌어요. 〈아리랑〉이 남북을 하나로 잇는 한 민족의 노래임을 온 세상에 알리는 순간이었어요. 그날의 〈아리랑〉은 체제와 이념을 뛰어넘는 우리 민족의 소리요, 통일의 함성이었어요.

남과 북은 분단 후 지난 70여 년 동안 통일을 이루기 위해 많은 노력을 펼쳐 왔어요. 스포츠 분야에서 가장 활발했어요. 1991년 세계청소년축구선수권대회 단일팀, 2000년 시드니올림픽, 2002년 부산 아시안게임, 2004년 아테네올림픽, 2006년 토리노 동계올림픽 공동입장, 2018년 평창 동계올림픽 여자 아이스하키 단일팀과 자카르타-팔렘방 아시안게임 남북 공동입장 등 많은 성과가 있었어요.

정치·경제 분야에서도 많은 만남과 협력이 펼쳐졌어요. 2000년 6월 김대중-김정일 남북정상회담 및 6·15 공동선언, 2007년 10월 4일 노무현-김정일 남북정상회담 및 10·4 선언, 2018년 4월 27일 문재인-김정은 남북정상회담 및 4·27 판문점선언과 이어진 9·19 평양공동선언이 있었어요. 철도와 도로 연결 같은 다양한 남북 경제협력도 진행되었어요. 통일이 성큼 우리 눈앞에 다가온 듯한 느낌이 들 때도 있었어요.

그러나 지금은 모든 것이 남북 대결 시대로 되돌려진 상태지요. 남북 교류와 대화는 끊어진 지 오래예요. 갈수록 같은 민족이라는 동포애는 희미해지고, 통일에 대한 열망은 식어 가고 있어요.

이런 상황에서 〈통일아리랑〉은 꺼져 가는 통일의 불씨가 되어야 해요. 그 불씨는 남북한 간 다양한 교류와 협력의 디딤돌이 될 수 있어요.

휴전선이 남북의 허리를 가로막은 지 벌써 70여 년, 이제 휴전선 철망을 걷어내고 우리 민족 모두 희망의 〈통일아리랑〉을 부를 때예요.

북한에서 불리는 통일아리랑

(후렴) 아리랑 아리랑 아라리요
아리랑 고개로 넘어간다

1. 청천 하늘엔 별들도 많구요
　　이 땅에는 분단 아픔 많기도 하다

2. 천지 강산엔 오가는 길 많은데
　　통일의 길만은 왜 이리 막혔나

3. 사발 그릇 깨어지면 열두 조각 나지만
　　분계선이 깨어지면 하나가 된다

4. 7천만 우리 겨레 쇠망치가 될 거야
　　저 분계선 내려치는 쇠망치가 될 거야

2부

민주화의
씨앗이 된 노래들

님을 위한 행진곡

사랑도 명예도 이름도 남김 없이
한평생 나가자던 뜨거운 맹세
동지는 간데 없고 깃발만 나부껴
새날이 올 때까지 흔들리지 말자
세월은 흘러가도 산천은 안다
깨어나서 외치는 뜨거운 함성
앞서서 나가니 산 자여 따르라
앞서서 나가니 산 자여 따르라

백기완(1932~2021) 작사
김종률(1958~) 작곡

님을 위한 행진곡

광주를 넘어 세계로

망월동 영혼결혼식

1982년 2월 20일 광주 망월동 5·18 옛 묘역, 아직 겨울의 쌀쌀함이 남아 있는 날씨였어요. 뿌옇게 안개가 낀 상태에서 간간이 안개비가 내렸어요. 사람들이 하나둘 모여들었어요. 한 쌍의 결혼식을 축하하기 위한 자리였어요. 평범한 결혼식처럼 신혼 방에 쓸 이불이며 옷가지는 물론, 축의금을 받는 사람까지 앉아 있었어요.

묘지에서 결혼식이라니? 그것은 이미 저세상으로 떠난 신랑 윤상원과 신부 박기순의 영혼결혼식이었어요. 비록 몸은 죽어 땅에 묻혔지만, 그 넋이라도 맺어져 저세상에서 행복하게 살기를 기원하는 결혼식이지요.

5·18국립묘지에 있는 윤상원, 박기순의 묘 영혼결혼식
을 한 윤상원, 박기순 열사가 함께 잠들어 있어요. (사진·위
키피디아)

축하객들이 자리 잡자, 무녀가 한바탕 굿을 벌여 두 사람의 영혼을 불러냈어요. 이어 주례를 맡은 문병란 시인이 주례사를 통해 부부의 인연이 맺어졌음을 온 세상에 선포했어요. 주례사는 자작시 '부활의 노래'를 읊는 것으로 대신했어요.

돌아오는구나

돌아오는구나

그대들의 꽃다운 혼,

못다한 사랑 못다한 꿈을 안고

죽음을 넘어 시대의 어둠을 넘어

부활의 노래로

맑은 사랑의 노래로

정녕 그대들 다시 돌아오는구나

— 문병란 시 '부활의 노래' 중에서

옷과 이불 등을 태워 하늘나라로 보내는 것으로 행사는 마무리됐어요. 영혼결혼식을 올린 지 15년이 지난 1997년, 망월동에 5·18국립묘지가 만들어지면서 따로 묻혀 있던 윤상원, 박기순은 하나로 합쳐 모셔졌어요.

노래극 《넋풀이》

　1982년 3월, 영혼결혼식이 치러진 직후 전남 광주시 운암동에 있는 소설가 황석영의 집에 김종률, 전용호가 모였어요. 황석영은 오랫동안 민주화운동과 문화 활동을 펼쳐 온 소설가였고, 김종률은 1979년 대학가요제에서 〈영랑과 강진〉이라는 노래로 은상을 받은 경력이 있는 음악가예요. 전영호 역시 1980년 광주민주화운동으로 감옥살이를 한 문화 운동가이지요. 당시 광주 시민들은 2년 전 있었던 비극에서 벗어나지 못한 채 슬픔과 고통에 아파하던 상태였어요.

　셋은 큰 뜻을 펼치지 못하고 죽은 윤상원, 박기순의 영혼결혼식을 바탕으로 창작 노래극을 만들기로 뜻을 모았어요. '노래극'은 노래를 중심으로 엮은 연극을 말해요. 두 젊은이의 넋을 기리고, 살아남은 자들에게 용기를 불어넣기 위해서였어요. 세 사람은 역할을 나눴어요. 노래극의 전체적인 구성과 노랫말은 황석영이, 작곡은 김종률이 맡았어요. 전용호는 노래 부를 사람을 모으고 연락하는 일을 책임졌어요.

작업은 빠르게 진행됐어요. 당시 군사 반란을 일으켜 정권을 잡은 전두환은 숨이 막힐 정도로 국민을 억누르고 있었기 때문에 5·18 민주화운동을 기리는 노래극 하나 만드는 것도 힘든 상황이었지요.

김종률은 1박 2일 동안 노래를 만들었어요. 노래극에 필요한 7곡 가운데 6곡은 이미 만들어 놓은 노래와 가사를 약간 수정했어요. 문제는 노래극의 마지막을 장식할 합창곡을 만드는 일이었어요. 김종률은 장엄하고 슬프면서도 힘찬 행진곡풍의 노래를 만들기로 마음먹었어요. 이미 노래 앞부분에 해당하는 음의 흐름은 머릿속에 갖고 있었

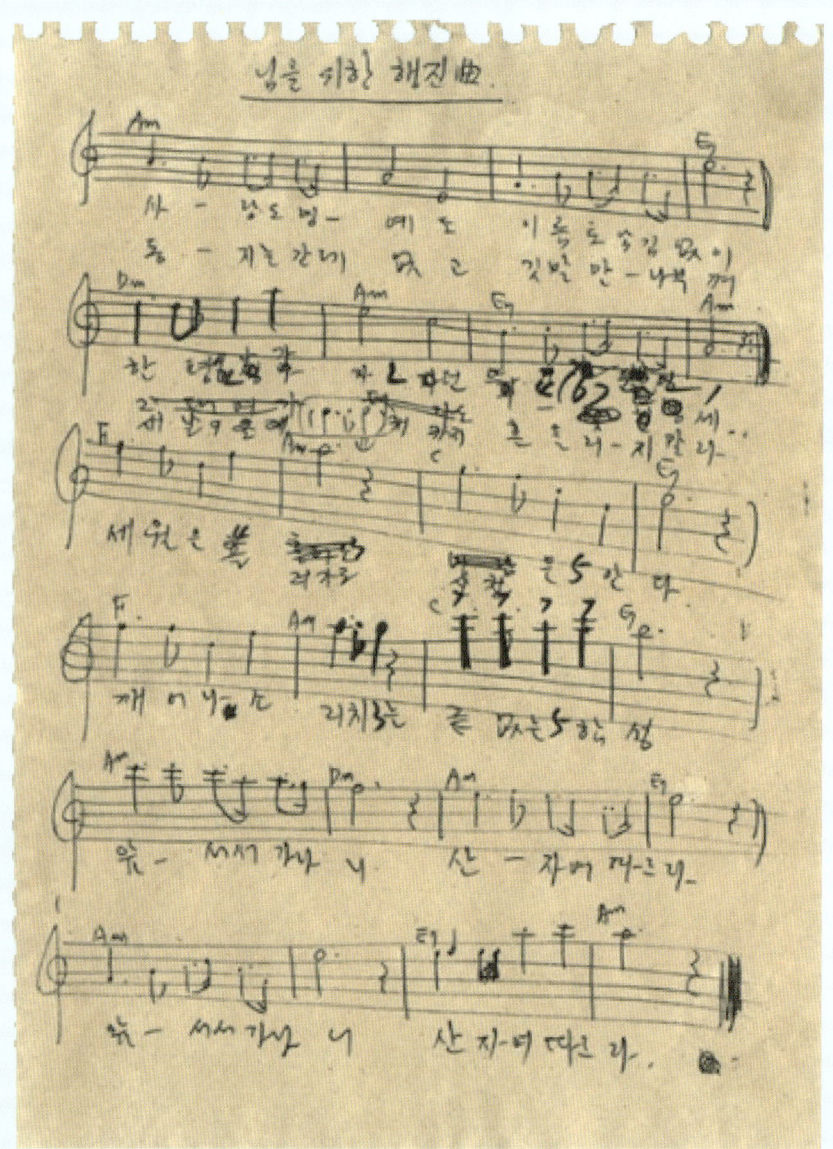

〈님을 위한 행진곡〉의 악보 1982년 김종률 씨가 작곡한 〈님을 위한 행진곡〉 악보의 초고예요. (사진·김종률)

지요. 그는 4시간 만에 곡을 완성했어요.

  여기에 황석영은 백기완 선생의 시 '묏비나리'를 바탕으로 가사를 붙였어요. 이 시는 백기완 선생이 1980년 겨울, 서울 서대문교도소에서 지은 것이에요. 묏비나리는 '아주 순수한 상태에서 비는 행위'를 뜻하는 순우리말이에요.

  이렇게 〈님을 위한 행진곡〉이 세상에 모습을 드러냈어요. 원래 문법적으로는 '임'이라 써야 맞지만, 작곡자는 '님'이라 써 주길 원하고 있어요.

  이 노래들과 혼을 불러오는 무녀의 초혼굿, 문병란 시인의 '부활의 노래' 등으로 줄거리를 만들어 노래극 《넋풀이》 대본을 만들었어요.

  4월 어느 날 극단 '광대'를 비롯한 광주지역 문화패 단원 10여 명이 카세트 녹음기 3대와 꽹과리, 징, 북, 장구를 들고 모였어요. 오후부터 연습을 시작해 다음 날 새벽 3시 반쯤에서야 녹음을 마칠 수 있었어요. 주변에서 시끄럽다고 신고하거나, 경찰에 발각되지 않기 위해 기타, 꽹과리

소리가 밖으로 새 나가지 않도록 담요로 거실 유리창을 모두 막았어요.

이렇게 35분짜리 노래극 《넋풀이》가 세상에 모습을 드러냈어요. 극은 광주항쟁 당시 전남도청이 함락되던 아침을 그린 〈젊은 넋의 노래〉로 시작해요.

그리고 맨 마지막에 합창으로 주제곡 〈님을 위한 행진곡〉이 나오면서 마무리되어요.

작곡자 김종률은 훗날 한 인터뷰에서 "제작을 마치고 카세트에서 처음 노래를 들었을 때 충격적"이었다며 이때를 인생에서 가장 기억에 남는 순간으로 꼽았어요.

한국기독청년협의회(EYC)는 노래극이 담긴 테이프 2,000개를 비밀리에 만들어 전국에 배포했어요.

〈님을 위한 행진곡〉은 1982년 가을부터 광주에서 불리기 시작해 전국으로 빠르게 퍼졌어요. 이 곡은 이후 대한민국 저항가요의 대명사이자 민주화운동의 간판 곡이 되었어요.

못다 핀 영혼, 윤상원과 박기순

윤상원은 누구인가?

1980년 5월 27일 새벽, 광주항쟁의 근거지 전남도청에 있던 시민군들은 비상이 걸렸어요. 어둠 너머로 탱크의 육중한 움직임 소리와 계엄군의 요란한 군홧발 소리가 들려왔어요. 계엄군이 최후 공격을 시작한 것이에요.

윤상원은 민주시민투쟁위원회 기획위원 이양현, 기획실장 김영철과 함께 도청 2층 창가에서 총을 겨눈 채 밖을 노려보고 있었어요. 새벽 4시, 계엄군이 전남도청을 완전히 에워쌌어요.

이양현이 윤상원에게 말을 걸었어요. 둘은 오랜 동지이자 친구였어요.

"자네하고 함께했던 그동안의 삶이 즐거웠네."

그러자 윤상원이 대답했어요.

"우리 저승에서 만납시다. 저승에서도 사회운동은 하며 삽시다."

생사의 갈림길에서 나눈 이 대화가 윤상원이 살아서 남긴 마지막 말이었어요.

잠시 후 계엄군의 총알이 빗발치듯 쏟아졌어요. 순간 "아이쿠" 하는 소리와 함께 윤상원이 쓰러졌어요. 총탄이 윤상원의 아랫배를 관통했어요. 이양현과 김영철이 달려와 윤상원을 부축해 회의실 안으로 옮겼지만 이미 의식을 잃은 상태였어요. 바닥에 담요를 깔고 윤상원을 눕혔어요. 그때가 새벽 4시 40분이었어요. 그렇게 민주시민투쟁위원회 대변인 윤상원은 30세의 젊은 나이로 세상을 떠났어요.

"차디찬 바닥에서 그냥 눈을 감으면 불편할 것 같았어

요. 푹신한 이불을 깔아 주면 천당으로 갈 것 같은 생각이 듭디다."

훗날 이양현은 회상했어요.

5·18광주민주화운동 혹은 5·18광주항쟁은 1980년 5월 18일부터 27일까지 열흘간 광주 시민들이 전두환 군사 반란 세력에 맞서 싸운 민주화 투쟁이에요.

1979년 10월 26일 박정희 대통령이 김재규 중앙정보부장의 총에 맞아 사망하자, 정권에 눈이 먼 전두환을 중심으로 한 사조직인 하나회 군인들이 12월 12일 새벽에 군사 반란을 일으켜 정권을 탈취했어요. 광주 시민들이 이에 반대하여 민주화를 요구하자 전두환은 공수부대와 탱크를 앞세워 무자비하게 진압해 수많은 시민이 희생되었어요.

윤상원은 광주항쟁의 영혼으로 불려요. 광주항쟁이 시작된 1980년 5월 18일부터 전남도청이 계엄군에게 점령되

5·18광주민주화운동 1980년 광주민주화운동 당시 공수부대의 만행을 목격한 광주의 운전사들이 금남로에서 차량 시위를 벌이는 모습이에요. (사진·연합뉴스)

는 5월 27일 새벽 마지막 순간까지 항쟁의 현장을 지켰어요. 광주지역의 주요 민주인사들이 이미 경찰에 잡혀갔거나 피신한 상황에서 윤상원은 항쟁 기간 내내 항쟁을 이끈 실제 지도자였어요.

죽기 며칠 전 윤상원은 민주시민투쟁위원회 대변인을 맡았어요. 이 위원회는 계엄군과의 협상에 반대하는 시민들이 만든 조직이에요. 당시 계엄군은 '무기 반납'을 협상 조건으로 제시했어요. 이는 무조건 항복과 다름없는 것이었어요.

윤상원은 전남도청 함락 하루 전인 26일 오후 5시 외신 기자회견을 열었어요. 이 자리에서 윤상원은 "우리는 패배할 것입니다. 그러나 내일의 역사는 우리를 승리자로 만들 것입니다"라고 말했어요.

그의 말처럼 광주 시민들의 항쟁은 열흘 만에 군홧발에 짓밟혔지만, 반란군 전두환 일당은 나중에 법의 심판을 받았어요.

1997년 대법원은 광주 시민의 저항에 대해 "헌정 질서를 수호하기 위한 정당행위"라고 판결했어요. 계엄군이 광주 시민을 무자비하게 죽인 것은 "내란이라는 목적을 달성하기 위한 학살"이라고 못 박았어요. '내란'이란 국가 반란을 말해요. 도청 유혈진압에 대해서는 "광주 시위가 타 지역으로 확산하면 정권 장악이라는 목적 달성이 어려울 것으로 판단한 신군부가 자행한 목적 살인"이라고 판결했어요.

전두환은 광주 시민들을 '폭도'라고 선전했지만, 법은 전두환이 정권을 잡기 위해 국민을 학살한 살인자라고 판정한 것이에요.

1980년 5월 광주 시민들의 투쟁은 우리나라 민주주의 발전에 큰 발자취를 남겼고, 1987년 6월민주항쟁의 밑거름이 되었어요.

박기순은 누구인가?

1978년 12월 24일, 성탄절을 하루 앞두고 모두가 들뜬 마음에 친구나 가족들과 즐거운 시간을 보내고 있을 때였어요. 박기순은 추운 몸을 떨며 야학 학생들과 야산을 헤매고 다녔어요. 야학 교실 난로에 사용할 땔감을 마련하기 위해 산으로 나무를 구하러 간 것이에요.

당시 박기순은 '들불야학'을 만들어 노동자들을 가르치고 있었어요. 야학은 가정형편이 어려워 학업을 중단할 수밖에 없었던 공장 노동자들을 가르치는 곳이에요. 주로 일이 끝난 저녁에 뜻있는 대학생들이 중고교 교과과목을 가르치거나, 사회를 제대로 볼 수 있는 눈을 갖도록 도와주었어요.

박기순이 땔감 작업을 마무리했을 때는 이미 해가 지고 어둑어둑해진 상태였어요. 몹시 피곤했지만, 그녀는 다른 강사의 야학 수업도 끝까지 지켜봤어요. 밤 11시가 훨씬 넘어서야 함께 사는 작은오빠 집에 도착했어요. 박기순은

박기순 열사(왼쪽)와 윤상원 열사(오른쪽) 들불야학을 함께한 박기순 열사와 윤상원 열사는 훗날 영혼결혼식을 올리고 5·18국립묘지에 함께 묻혔어요. (사진·들불열사기념사업회)

씻지도 않고, 양말도 벗지 않은 채 쓰러지듯 잠자리에 들었어요.

다음 날 아침 일어날 시간이 지났는데도 인기척이 없자 올케가 방문을 두드렸어요. 올케는 오빠 부인을 말해요. 그러나 대답이 없어 문을 열어보니 박기순이 의식을 잃은 채 문 쪽을 향해 엎어져 있었어요. 문틈으로 새어 들어온 연탄가스에 중독돼 이미 사망한 상태였어요. 그녀의 나이

겨우 21살이었어요.

박기순은 전남여고 시절부터 작은오빠 영향을 많이 받았어요. 박기순의 작은오빠는 감옥살이도 한 민주화 운동가였어요. 그녀는 전남대학교 역사교육과 3학년 때 학내 시위를 주도한 핵심 인물로 지목돼 경찰에 쫓기게 되었고, 학교도 다니지 못하게 되었지요.

그 후 노동운동에 뛰어들어 1978년 7월 '들불야학'을 시작했어요. 머지않아 윤상원도 박기순의 권유로 야학에 합류했어요.

박기순은 들불야학에 무척 애정이 많았어요. 공장일이 바빠 학생이 수업에 빠지면 일일이 집에 찾아가 보살펴 주곤 했어요. 그녀는 공장에 취업도 했어요. 광주전남지역 여성 '위장취업 1호'였어요. 위장취업은 대학생들이 노동운동을 위해 남의 신분으로 공장 노동자가 되는 것을 말해요.

박기순의 어처구니없는 죽음에 야학 학생들은 자기 부모가 돌아가신 것보다 더 서럽게 울었어요. 박기순은 5·18

일반묘역에 묻혔어요. 들불야학 학생들은 광주항쟁 기간 중 소식지 《투사회보》를 만드는 등 큰 몫을 했어요.

영원한 노동자의 벗, 기순이가 죽던 날

불꽃처럼 살다 간 누이여
왜 말없이 눈을 감고 있는가
두 볼에 흐르던 장밋빛
늘 서럽도록 아름다웠지
……
- 윤상원 열사 일기장 중에서

윤상원도 박기순에 대한 안타까운 마음을 담은 글을 자신의 일기장에 남겼어요.

가시밭길 걷는 〈님을 위한 행진곡〉

1997년, 5월 18일을 국가기념일로 지정한 이후 매년 기념식 때 〈님을 위한 행진곡〉을 제창해 왔어요. '제창'은 참석자들이 모두 함께 노래를 부르는 것으로, 그 후 수십 년 동안 5·18 기념식 때마다 다 함께 불렀어요.

그런데 2009년 5·18 국가기념 공식행사에서 〈님을 위한 행진곡〉 제창이 사라졌어요. 한술 더 떠 5·18 기념식을 주관하는 국가보훈처는 〈님을 위한 행진곡〉을 대체할 공식 추모곡을 공모한다고 밝혔어요. 이제 〈님을 위한 행진곡〉이 정부 공식 기념식에서 부르지 못할 위기에 처한 것이에요.

실제로 2011년부터는 정부 기념식에서 아예 이 노래 제창이 없어졌어요. 국가보훈처는 2013년 또다시 대체 기념곡 제정을 시도했어요. 이에 국회는 여야 의원 158명의 찬성으로 〈님을 위한 행진곡〉을 기념곡으로 지정하라고 요구하는 결의안을 통과시켰어요. 2017년 5월 문재인 대통령이 취임하면서 〈님을 위한 행진곡〉을 다시 제창할 수 있게 되었어요.

이 노래는 왜 이런 수난을 겪은 걸까요? 5·18광주민주화운동을 깎아내리려는 세력들 때문이에요. 일부 보수 우익 단체들은 '북한군 개입설'을 퍼뜨리며 광주항쟁의 숭고한 뜻을 훼손시키고 있어요. 그 연장으로 〈님을 위한 행진곡〉에 대해서도 비방하고 있는 것이에요. 대한민국재향군인회는 이 노래 원곡이 북한에서 제작한 영화 《님을 위한 교향시》의 배경음악이며, 님은 '김일성'을 지칭한다고 거짓 주장까지 하고 있어요. 그러나 터무니없는 말이에요. 이 노래는 1982년 발표했는데, 북한의 《님을 위한 교향시》는 1991년 만들어졌거든요.

민중의 애국가

 2023년 11월 11일 서울 세종대로에서 열린 전태일 열사 정신 계승 노동자대회에서도 〈님을 위한 행진곡〉이 울려 퍼졌어요. 민중 의례로 진행된 '묵념'으로 한껏 가라앉았던 분위기는 〈님을 위한 행진곡〉 제창으로 금세 달아올랐어요.
 〈님을 위한 행진곡〉은 민중민주 진영의 '애국가'로 불려요. 각종 민주화 시위나 노동자·농민 집회에서 예외 없이 애국가 대신 이 노래를 불러요.

 수많은 민중가요 중에 왜 〈님을 위한 행진곡〉이 민주 진영의 애국가가 되었을까요?

민중음악 연구가 정유하 박사는 "이 노래가 음악으로서의 다양한 사회적 기능을 갖고 있기 때문"이라고 설명했어요. 우선 독재 세력이 기세등등하던 1980~1990년대에 이 노래는 개인적으로 표현하기 어려웠던 감정을 잘 드러내고 있어요. 광주항쟁에서의 패배감, 살아남은 자의 죄책감, 비장함, 투쟁에 대한 결의 등을 우울한 선율과 느린 박자, 그러나 힘 있는 리듬으로 아주 잘 표현하고 있어요.

〈님을 위한 행진곡〉은 광주항쟁에서 죽어 간 사람들이 살아남은 우리에게 계속 투쟁할 것을 호소하고, 살아남은 사람들은 이 노래를 합창함으로써 꺾이지 않겠다는 다짐을 하게 돼요.

이 노래는 또 율동과도 잘 어울려요. 느리게 부를 때는 비장함이 강조되지만, 빠르게 부를 때는 자기도 모르게 주먹을 쥐고 내두르게 되지요.

광주를 넘어 세계로

2021년 2월 동남아시아에 있는 미얀마에서는 군부 세력이 군사 정변을 일으켜 1년간 비상사태를 선포했어요. 미얀마 국민들이 "아웅산 수치 석방" 등을 외치며 저항했어요. 수치는 미얀마의 민주화를 위해 투쟁한 야당 정치 지도자예요. 그러나 군부는 무자비하게 시위대를 진압해 많은 희생자가 생겼어요. 마치 1980년 5월 광주를 보는 듯해 우리 국민의 마음을 더욱 아프게 했어요. 이때 시위 현장에서 〈님을 위한 행진곡〉이 힘차게 울려 퍼져 미얀마 국민들에게 용기를 북돋워 주었어요.

사실 〈님을 위한 행진곡〉이 본격적으로 아시아권에 전

파된 것은 1987년 이후예요. 1987년 6월민주항쟁과 이어진 7, 8월 노동자 대투쟁 이후 아시아 각국 사회운동가들이 한국에 많이 왔어요. 이때 그들은 자연스럽게 〈님을 위한 행진곡〉을 배워 가게 되었어요. 〈님을 위한 행진곡〉은 이제 우리나라를 넘어 아시아 각국의 투쟁 현장에서 불리고 있어요.

 이 곡이 처음 해외로 전파된 곳은 홍콩이에요. 당시 영국이 통치했던 홍콩은 아시아에서 활동하는 유럽의 다양한 사회단체들이 모여 있었어요. 한국의 YMCA, 한국기독학생회(KSCF)와 자주 교류하던 홍콩기독학생회를 통해 노래가 전해졌어요. 홍콩에서는 '애적 정전'(사랑의 행진곡)이라는 제목으로 불렀어요. 1990년대 들어 홍콩에서 노동운동이 활성화되자 가사도 현실에 맞게 바뀠어요.
 〈님을 위한 행진곡〉은 2019년 홍콩의 '범죄인 송환조례' 반대 투쟁에서도 등장했어요. 당시 '우산 행진곡'이라는 제목으로 불렀어요. 우산은 2014년 홍콩 행정 책임자인 행

홍콩 시위 현장에서도 울려 퍼진 〈님을 위한 행진곡〉 2019년 6월 범죄인 송환 조례에 반대하는 홍콩의 시위 현장에서 시민들이 〈님을 위한 행진곡〉을 함께 불렀어요. (사진·MBC 뉴스화면)

정장관 선거를 완전 직선제로 바꿀 것을 요구하며 벌인 민주화 시위의 상징이에요.

홍콩 다음으로 이 노래가 전파된 곳은 대만(타이완)이에요. 1988년 한국을 방문했던 대만 활동가가 타이베이로 돌아가 가사를 새로 만들고 멜로디를 약간 고쳐 '노동자 전가'라는 제목으로 불렀어요. '전가'란 투쟁가라는 뜻이에요. 2016년 6월 대만 항공사 최초로 파업에 돌입한 중화항공 승무원들이 타이베이 본사 앞에서 집회할 때 〈님을 위한 행진곡〉을 부르는 영상을 유튜브에서 확인할 수 있어요.

중국에서도 이 노래를 '노동자 찬가'라는 제목으로 부르고 있어요. 2005년 노동자 노래밴드가 음원을 만들었어요. 주로 중국 농민공 운동과 관련한 가사를 붙였어요. 농민공은 농촌 출신 노동자를 말해요. 노래를 전파한 노래밴드 단장은 "이 노래가 전투력 있고, 사람들에게 힘을 주는 효과가 있다"고 말했어요.

〈님을 위한 행진곡〉은 태국, 캄보디아, 말레이시아에서도 부르고 있어요. 태국에서는 1990년대부터 '연대'의 노래로 다양한 계층이 힘을 합쳐 좋은 세상을 만들자는 내용이에요. 태국 수도 방콕에 있는 태국 노동운동박물관에 가면 〈님을 위한 행진곡〉의 원곡과 각국에서 바꿔 부르는 다양한 노래들을 만날 수 있어요.

캄보디아에서는 이 곡이 강제 퇴거에 반대하는 주민 운동 현장에서 사용됐고, 말레이시아에서는 노동 운동가로 애창됐어요.

마음의 씨앗이 되다

2022년 12월 12일 광주문화재단에서 '님을 위한 행진곡 세계화 포럼'이 열렸어요. 이 곡이 더 이상 광주만의 것이 아님을 알리는 자리였어요. 세계 여러 나라에서 부르고 있는 사례를 통해 더 확장할 수 있는지도 가늠하는 행사였어요.

〈님을 위한 행진곡〉의 세계화는 무엇을 뜻하는 걸까요? 2019년 홍콩 시위를 이끌었던 홍콩 민주인사 조슈아 웡의 말이 해답의 실마리를 던져 줘요. 그는 "문화와 배경은 달라도 1980년 광주의 경험이 홍콩 민주화 투쟁을 계속할 힘을 준다"고 말했어요.

그래요. 지금도 아시아 여러 나라의 국민들이 독재체제, 권위주의 정권 아래서 신음하고 있어요. 대한민국 광주는 국가 폭력에 맞서 저항하는 세계 여러 나라의 학생, 노동자, 시민들에게 용기와 희망을 주고 있어요. 비록 엄청난 희생을 겪었지만 아픔을 딛고 일어서 마침내 1987년 6월 민주항쟁에서 승리했잖아요. 6월민주항쟁은 장기 집권을 꾀하는 전두환 정권에 맞서 대통령직선제를 얻어낸 민주화운동이에요.

민주화 투쟁이 한창인 아시아 각국도 〈님을 위한 행진곡〉을 부르며 힘껏 싸우면 끝내 이긴다는 믿음을 얻는 것이지요.

직녀에게

이별이 너무 길다
슬픔이 너무 길다
선 채로 기다리기엔
세월이 너무 길다

말라붙은 은하수
눈물로 녹이고
가슴과 가슴에
노둣돌을 놓아

그대 손짓하는 연인아
은하수 건너 오작교 없어도
노둣돌이 없어도
가슴 딛고 다시 만날 우리들

연인아 연인아
이별은 끝나야 한다
슬픔은 끝나야 한다
우리는 만나야 한다
단 하나 오작교마저 끊어져 버린

오작교가 없어도 노둣돌이 없어도
가슴을 딛고 건너가 만나야 할 우리
이별은, 이별은 끝나야 한다
말라붙은 은하수 눈물로 녹이고
가슴과 가슴을 노둣돌 놓아
슬픔은, 슬픔은 끝나야 한다, 연인아

작사 문병란(1935~2015)
작곡 박문옥(1955~)
노래 김원중(1952~)

직녀에게

사랑 노래에서 통일의 노래로

애끓는 이별, 견우와 직녀

하늘에서 소를 치는 걸로 으뜸인 '견우'와 베짜기의 달인 '직녀'는 옥황상제가 인정하는 전문 기능인들이었어요. 둘은 일에만 빠져서 결혼도 안 하고 살았다고 해요. 옥황상제가 둘을 직접 맺어 주면서 열심히 일하라고 당부했는데, 그 뒤로 두 사람은 달콤한 신혼생활에만 빠져 일을 안 했어요.

옥황상제는 자신의 기대를 저버린 둘의 행동에 하늘을 뒤집어엎을 정도로 분노했고, 둘은 꿀 같은 신혼생활을 끝내야 했어요. 은하수를 사이에 두고 하늘의 동쪽 끝, 서쪽 끝으로 귀양을 가야 하는 처지가 된 거죠.

사랑하는 신혼부부, 다신 만날 길 없는 지옥 같은 이별. 이를 보다 못한 까마귀와 까치가 다리를 놓아주었는데 그것이 '오작교(烏鵲橋)'였다고 해요. 해마다 견우와 직녀가 오작교를 밟고 지나가서 이날 까마귀, 까치의 머리가 벗겨진다는 이야기도 있고, 칠석날에도 모든 까마귀, 까치가 갈 수 있는 게 아니라 지상에 있는 까마귀, 까치는 몸이 허약하여 은하수까지 날아가지 못해 남아 있는 거라는 다양한 뒷이야기도 있어요.

문병란 시인의 '직녀에게'는 비극적인 이별의 현실 속에서 절절한 그리움과 함께 이별의 상황을 이겨내고 꼭 다시 만나겠다는 뜻을 강하게 드러내고 있는 시예요.
견우를 '나'로 삼아서 직녀에게 말을 건네는 형식으로 같은 말을 되풀이해 주인공들의 뜻을 강조하고 있어요. 단정적인 말투와 비장한 어조가 메시지를 강화하는 역할을 해요.

시 내용에서 '은하수'는 두 사람의 만남을 가로막는 장애물로 견디기 힘든 상황임을 상징하는데, '너무 길다'를 반복해서 고통을 강조하고 있는 거예요. 이를 통해 화자가 처한 부정적 현실을 계속 떠올리게 하면서, 뒷부분에 나오는 '만나야 한다'로 감정을 폭발시켜요. 주인공들은 만남의 다리 오작교마저 끊어졌다며 노둣돌을 놓아, 면도날 위를 걷는 듯한 위험을 감수하고라도 만나야 한다는 간절한 소망을 드러내고 있어요.

또 직녀가 그리움을 수놓아 여러 필의 베를 짜고, 견우는 암소를 키워 여러 차례 새끼를 낳도록 이별의 세월이 너무 길었음도 돌아보게 해요.

노래 뒷부분에서는 '끝나야 한다', '만나야 한다'를 거듭 반복해 감정을 드높이면서 주인공들이 말하고자 하는 의미를 강조하고 있어요.

이 노래 앞부분에서 이별의 아픔을 드러내는 것에 그쳤다면, 이제는 끔찍한 운명을 거부하고 헤어진 대상과 다시 만나려는 적극적인 의지를 강조하고 있는 거예요.

남북 이산가족 상봉 모습 남북 이산가족 상봉은 2018년 21차 상봉 이후 중단된 상태예요. (사진·위키피디아)

 이 노래를 우리 민족의 분단상황으로 확대해 보면 남한과 북한으로 갈라져 생이별을 견디는 이산가족의 슬픔으로 바꿔 볼 수 있어요. 견우와 직녀가 서로 떨어져 서로를 간절히 원하는 것처럼, 강대국에 의해 분단되고 전쟁까지 하면서 다시는 만날 수 없었던 이산가족들의 통일 염원 시로도 안성맞춤인 것이지요. 이 시의 작가인 문병란 시인은 원래 이 시를 구상하고 써 내려갈 때에도 남녀 간의 사랑을 읊은 연시가 아니라 통일 염원 시로 썼기 때문에 그렇게 읽어 주기를 바란다고 했어요.

  문병란 시인의 '직녀에게'가 생명력을 얻은 것은 우리의 분단 상황에 대한 안타까움을 거기에서 읽을 수 있기 때문이에요. 이 시는 입소문을 타고 국내를 넘어 해외에까지 유명해졌답니다.

시가 곡조를 얻다

　1976년에 발표된 시 '직녀에게'는 1981년에 펴낸《땅의 연가》란 문익환 시선집에 실렸어요. 이 시를 눈여겨본 윤한봉은 미국으로 망명하는 길에 같이 활동하던 작곡가 김형성에게 이 시에 곡을 붙여 줄 것을 부탁하였어요. 김형성은 그의 부탁을 듣고 가곡 풍의 곡조로 작곡해 데모 테이프에 담아 아는 사람들에게 돌리게 되었어요. 데모 테이프는 정식 음반이 아닌, 샘플용 음반을 말해요. 이 노래는 특히 재외동포들에게 큰 인기를 끌었는데, 조국과 이별해서 사는 자신들의 처지를 담아낸 노래로 느꼈던 거예요.

1984년, 독일 베를린에서 열린 제3세계 예술제에 들른 문병란 시인은 재외동포들 사이에서 돌고 있다는 이 노래의 악보와 육성 테이프를 선물받았을 때 큰 감명을 받았다고 해요. 기품 있고 멋진 통일 노래에 가까웠기 때문이었어요.

그러나 시인은 가곡보다는 섬세하고 강렬한 대중가요가 되었으면 좋겠다고 생각했답니다. 광주로 돌아와 당시 방송국 PD였던 제자 오창규에게 건네어 주며 보다 대중적인 곡을 부탁하였어요. 오창규는 평소에 잘 알고 지내던 친구 박문옥에게 부탁했어요. 시에 담긴 결을 박문옥이 잘 살릴 수 있을 것 같았기 때문이라고 했어요. 그가 조금 더 애절한 곡으로 새로 작곡하게 된 것이 지금까지 전해지는 〈직녀에게〉입니다.

이 곡은 친근하고 아름다운 선율 A(a+b) + A'(a+c) + B(d+e) + A"(a+f) 곡조를 이용해 새로운 곡으로 만들어졌는데, "이별이 너무 길다"로 시작하여 "연인아 연인아. 이별은 끝나야 한다. 슬픔은 끝나야 한다. 우리는 만나야 한

노래 〈직녀에게〉를 부른 가수 김원중 당시 〈바위섬〉이란 노래로 인기를 얻고 있었지만, 〈직녀에게〉는 작사가와 작곡가가 민주화운동 인사였던 까닭에 방송에 나오기 힘들었다고 해요. (사진·연합뉴스)

다"라는 견우의 절규로 끝나는 클라이맥스에서 재회에 대한 비장한 의지와 신념을 담게 되었어요.

그래서 가곡 풍으로 불렀을 때보다 훨씬 더 강렬하고 단단한 느낌을 주게 되었어요.

국내 정서에 맞게 다시 태어난 〈직녀에게〉는 김원중이라는 젊은 가수가 부르게 되었어요. 그는 당시 〈바위섬〉이라는 노래로 한창 방송가의 인기를 얻고 있던 대학생이었어요. 이 곡은 그를 만나 바로 음반으로 취입할 수 있었어요.

〈직녀에게〉는 방송에서 인기가 높았던 〈바위섬〉의 여운을 이어받고 인기곡이 되는 듯했으나, 작사자인 문병란과 작곡가인 박문옥이 민주화운동 인사인 탓에 방송에 나오기가 어려웠어요. 그러나 이 노래는 사라지기는커녕 이 땅의 모든 현장에서 불리면서 우리나라를 대표하는 통일 염원 노래로 거듭나게 되었어요.

분단 반세기를 넘긴 이 시점에서 〈직녀에게〉는 대중가요라기보다는 남북한 구석구석까지 울려 퍼지는 통일의 노래이며 '우리는 만나야 한다'는 우리 민족의 절규를 온 세상에 드러내는 민족의 노래로 사랑받게 되었어요.

인터뷰-박문옥 작곡자와 만나다

Q. 안녕하세요. 〈직녀에게〉 노래를 즐겨 부르는 사람으로서 작곡자이신 선생님의 이야기를 듣고 싶어 인사드립니다. 〈직녀에게〉에 관한 질문을 하기 전에 선생님이 걸어오신 길이 무척 궁금합니다. 간단히 알려 주시겠습니까?

A. 저는 노래를 좋아해 전남대에 다니던 1977년 제1회 MBC 대학가요제에 참가했습니다. 트리오 '소리모아'를 결성해 〈저녁 무렵〉이라는 곡으로 동상을 받게 되었어요.

대학 졸업 후 미술 교사로 몇 년 지내다 그만두고는 45년간을 음악인으로 살아왔네요. 수많은 민중가요를 작곡, 편곡, 반주, 녹음하는 역할을 하며 지냈습니다. 1986년에는 광주에 최초의 민간

〈직녀에게〉 작곡가 박문옥 〈직녀에게〉를 작곡할 때 시가 가진 그리움과 절절함을 가장 잘 살릴 수 있는 곡조를 찾는 데 초점을 맞췄다고 해요. (사진·박문옥 팬카페)

녹음실인 '소리모아 스튜디오'를 만들어 본격적으로 음반 작업을 펼쳤습니다. 광주의 어지간한 노래패나 민중가요 음반이 거의 대부분 저희 스튜디오에서 만들어졌습니다.

Q. 처음 〈직녀에게〉 가사를 보았을 때 어떤 느낌이 드셨나요?

A. 강제 이별을 당하고 헤어져 지내는 사람의 애절한 마음이 가장 크게 느껴졌어요. 간절한 내 이야기 같아 금세 몰입이 되었고,

그 느낌을 살리기 위해 노력했어요.

Q. 지금까지 작곡하고 불렀던 노래 중에 가장 애정이 가는 노래는 어떤 것입니까?

A. 저는 〈목련이 진들〉과 〈직녀에게〉를 가장 좋아합니다. 〈목련이 진들〉은 가장 저다운 노래로 나왔다는 점에서, 〈직녀에게〉는 가장 많은 사람에게 사랑받았다는 점에서 의미가 있었어요.

Q. 〈직녀에게〉를 작곡하셨을 때 어떤 점에 초점을 두고 곡을 만드셨나요?

A. 먼저 시가 가진 그리움과 절절함을 가장 잘 살릴 수 있는 곡조를 찾고 싶었어요. 연가로 불리는 〈직녀에게〉도 들어 보았으나 '만나야 한다'라는 부분에서 힘을 느끼기는 어려웠습니다. 일단 콘셉트를 잡은 후에는 순조롭게 진행되었고, 가수 김원중 군이 섭외되어 빠른 속도로 세상에 나오게 된 것입니다.

Q. 노래를 사랑하는 우리 청소년들에게 하고 싶은 말씀이 있다

면 한마디 들려주세요.

A. 저는 광주지역에서 음악인으로 다양한 역할을 하면서 지내 왔어요. 시간이 지나면서 우리 지역에서는 어느 정도 인정받는 상태이지요. 하지만 현실적으로는 가혹한 면이 많았어요. 허드렛일도 마다하지 않고 살아야 했으니까요. 그래도 노래가 가진 힘을 믿기에 끝까지 이 자리를 지킬 것입니다. 요즘은 이전에 불렀던 노래들, 테이프와 악보들을 찾아내 역사 자료로 남기는 일을 하고 있습니다. 그래야 먼 훗날 세월이 흘러서라도 우리 후손들이 다시 그 노래들을 함께 부를 수도 있지 않을까요.

청소년 여러분도 지금 매스컴에서 흘러나오는 대중음악뿐 아니라 다양한 음악을 만나고 즐겨 주셨으면 좋겠습니다. 음악을 사랑하고 즐기면 훨씬 더 풍요로운 삶을 살 수 있을 거예요. 감사합니다.

* 인터뷰에 응해 주신 〈직녀에게〉 작곡가 박문옥 선생님께 감사드립니다.

통일 염원 연극으로 만들다

애절한 가사와 친근한 곡조로 꾸준히 불리던 〈직녀에게〉는 연극으로도 무대에 올려졌어요. 황석영 원작의 《한씨연대기》와 함께 사회성 짙은 연극으로 자리매김하게 된 것이에요.

줄거리는 다음과 같아요.

해방이 되던 1945년, 음악가인 경민과 영희는 쌍둥이 딸 '현'과 '율'을 낳아요. 아내인 영희는 혼란한 시국에 몸조리를 잘못해 병으로 죽게 되고, 삼팔선을 넘어 서울로 향하던 경민이마저 뜻하지 않게 죽음을 맞게 되어요.

현과 율은 각각 다른 사람의 손에 맡겨져 남과 북으로 헤어지게 되는데, 엄마 아빠의 피를 물려받은 현과 율은 각각 음악에 뛰어난 재능을 보여요. 남쪽에서 서관호의 딸로 살게 된 현은 캐나다 이민 후 세계적인 성악가로 활동하게 되고, 율 또한 북쪽에서 문화 선전 대원이 되어 성악 배우로 살아가요. 성장하면서 자신들의 비밀을 알게 된 쌍둥이 자매는 혈육을 애타게 그리워하지만, 그들의 만남은 번번이 좌절되고 말아요.

두 자매의 간절한 바람은 주위 사람들의 헌신적인 노력으로 이뤄지게 돼요. 1995년 8월 15일 서울에서 개최되는 통일 음악제에서 현과 율이 함께 노래를 부르는 자리가 준비되는 것으로 이 연극은 막을 내리게 됩니다.

쌍둥이 현과 율은 어찌 될까요? 잠깐의 만남으로 서로의 갈증을 해결할 수 있을까요? 또 다른 미래를 만들어 낼까요? 이 극에서 그들의 만남과 그 이후까지는 추측할 수 없어요.

비무장지대 안에 있는 월정리역 남과 북을 자유롭게 오가던 경원선의 철도역이었지만, 지금은 열차의 흉측한 잔해만 볼 수 있어요. (사진·위키피디아)

가로막힌 임진각 자유의 다리 임진강의 남과 북을 잇는 유일한 통로였지만, 현재는 남북 분단의 상징이 되었어요. (사진·위키피디아)

결국 통일의 방법론까지 접근하지는 못한다는 한계를 드러내게 되지요. 그러나 쌍둥이 자매의 절절한 그리움과 그들을 돕고자 하는 동포들, 그리고 간절한 그리움으로 오작교를 걸어 만나게 되는 견우와 직녀처럼 통일의 필요성을 다시 생각하게 하는 정도에서 끝이 나지요. 그 이후를 더 적극적으로 생각해 보아야 해요.

늙은 군인의 노래

나 태어난 이 강산에 군인이 되어
꽃 피고 눈 내리기 어언 삼십 년
무엇을 하였느냐 무엇을 바라느냐
나 죽어 이 흙 속에 묻히면 그만이지
아 다시 못 올 흘러간 내 청춘
푸른 옷에 실려 간 꽃다운 이 내 청춘

아들아 내 딸들아 서러워 마라
너희들은 자랑스런 군인의 자식이다
좋은 옷 입고프냐 맛난 것 먹고프냐
아서라 말아라 군인 아들 너로다
아 다시 못 올 흘러간 내 청춘
푸른 옷에 실려 간 꽃다운 이 내 청춘

내 평생 소원이 무엇이더냐

우리 손주 손목 잡고 금강산 구경일세

꽃 피어 만발하고 활짝 개인 그날을

기다리고 기다리다 이 내 청춘 다 갔네

아 다시 못 올 흘러간 내 청춘

푸른 옷에 실려 간 꽃다운 이 내 청춘

푸른 하늘 푸른 산 푸른 강물에

검은 얼굴 흰 머리에 푸른 모자 걸어가네

무엇을 하였느냐 무엇을 바라느냐

우리 손주 손목 잡고 금강산 구경가세

아 다시 못 올 흘러간 내 청춘

푸른 옷에 실려 간 꽃다운 이 내 청춘

작사·작곡 김민기(1951~2024)

노래 양희은(1952~)

늙은 군인의 노래

금지곡에서 국민가요로

'금지곡 1호'가 된 노래

지금은 금지곡이라는 말을 거의 듣지 못하지만, 1970년대와 1980년대에는 이상한 이유로 금지된 곡이 아주 많았어요. 앞의 노랫말을 읽은 친구들은 〈늙은 군인의 노래〉가 금지곡이었다는 말에 고개를 갸우뚱할 수도 있겠지만, 이 곡은 군사정권이 금지시킨 첫 번째 노래예요. 노래를 아끼고 사랑하는 사람으로서 정말 안타까운 일이에요.

1960년 5월부터 시작되어 20년을 넘게 군림해 온 박정희 군사정권이 우리 문화에 끼친 영향은 '경직과 불통'으로 정리할 수 있어요.

박정희 군사정권은 1972년 10월 17일 국민의 기본권을

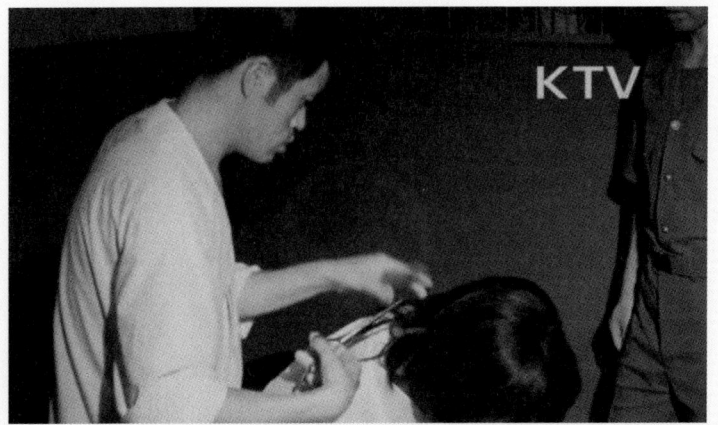

장발 단속 모습 1970년대 박정희 정권은 남자의 긴 머리와 여성의 미니스커트를 허용하지 않았어요. (사진·KTV 뉴스화면)

광고란이 비어 있는 신문 1974년 동아일보 기자들이 유신정권의 언론 탄압에 맞서자 주요 광고주들에게 압력을 가해 동아일보에 광고를 내지 못하게 했어요. (사진·위키피디아)

마음대로 제한할 수 있는 유신헌법을 선포했어요. 유신체제 아래서 국민들은 숨조차 마음대로 쉴 수 없을 만큼 자유를 억압받았어요.

  젊은이들이 머리조차 마음대로 기를 수 없도록 장발 단속을 한 것은 물론이고, 여자들은 짧은 치마도 함부로 입을 수 없었어요. 정권에 대항하는 언론에는 광고주들에게 압력을 넣어 신문에 광고를 싣지 못하게 했어요. 대통령과 정권을 비판하는 사람들을 영장 없이 체포하고 중형을 선고하는 일을 계속했어요. 〈늙은 군인의 노래〉는 그런 시절에 만들어진 노래입니다.

건대 항쟁과 〈늙은 군인의 노래〉

 80년대 들어 해마다 10월 중순을 넘기면 거리 곳곳의 전파사에선 가수 이용이 부르는 〈잊혀진 계절〉이 흘러나오곤 했어요. 요즘도 흔히 계절송이라는 노래들이 있어요. 봄이면 버스커버스커의 〈벚꽃 엔딩〉, 여름에는 쿨의 〈해변의 여인〉, 겨울에는 미스터투의 〈하얀 겨울〉이 반복 재생되곤 해요.
 '지금도 기억하고 있어요. 10월의 마지막 밤을…….'
 1986년 가을에도 국화축제와 더불어 이 노래가 울려 퍼지고 있는 중이었어요.
 1980년 광주민주화운동을 짓밟고 들어선 전두환 대통

령은 재집권을 준비하는 시점에 또 다른 강력한 음모를 준비하고 있었고, 전국의 대학생들은 전두환 정권의 장기 집권 시나리오를 막을 조직을 계획하고 있었어요. 그것이 금지곡 〈늙은 군인의 노래〉를 동반한 끔찍한 3박 4일의 시작이었고요.

'1986 국화축제'라는 이름으로 시작한 집회는 느슨하고 평화롭게 시작되었어요. 일상적 행사로 시작해 최루탄 몇 방으로 끝날 집회로 생각하는 학생들이 대부분이었어요. 술렁거리며 모여드는 학생들은 건국대학교 후문의 사슴농장을 지나 넓고 푸른 교내 인공호수 일감호를 구경하기도 했고, 본관에서 열리고 있는 다양한 국화 화분들을 둘러보기도 했어요. 학생들은 '애학투련'(전국 반외세 반독재 애국학생 투쟁연맹)이라는 이름으로 전국 단위의 조직을 만들기 위해 건국대학교에 모이게 된 것이었어요.

6년 전 광주를 죽음의 도시로 만들었던 독재자 전두환은 새롭게 자신의 정권을 부활시킬 빌미를 찾는 중이었어요.

집회를 시작하기 전에는 병력이 배치되지도 않았고 검문도 없었어요. 그런데 집회 중반을 넘어서면서 학생 수보다 2.5배나 많은 전투경찰을 학교 안팎에 배치했어요. 주변 건물의 옥상까지 점령해 학생들과 연락을 꾀하는 학부모와 관계자들을 철저히 통제하였어요. 이 작전명이 일명 '독살작전'이었어요. 이것은 어부들이 밀물 썰물이 심한 해안에서 입구가 바다 쪽을 향하도록 오메가(Ω) 모양으로 돌을 쌓아 놓고, 만조가 되어 고기도 함께 들어오면 썰물 때 그 입구를 어망으로 막아 고기를 잡는 방법이에요.

북소리와 함께 집회가 시작되자 경찰이 기다렸다는 듯 한꺼번에 학내로 밀고 들어가 투석전이 벌어졌어요. 학교 주위를 몇 겹으로 에워싼 경찰 때문에 빠져나갈 곳이 없었던 학생들은 경찰을 피해 주요 건물로 들어가게 되었고, 경찰은 일부러 시위대를 체포하는 대신 건물로 몰아넣고 있었던 것이에요. 장기전을 준비할 생각이 없었던 학생들은 대부분 얇은 점퍼 차림이었어요. 건물에 갇힌 후 계획에도 없던 점거 농성이 시작되었어요. 쫓겨 들어간 학생은

건대 항쟁 때 건물 옥상에서 구호를 외치는 학생들 모습 경찰에 쫓겨 건물 안에 갇힌 학생들을 4일 동안 죽음의 공포 속에서 〈늙은 군인의 노래〉를 함께 부르며 버텼어요. (사진·경향신문)

본관, 사회과학관, 중앙도서관, 교양학관까지 모두 1,500여 명이었어요.

경찰은 밤이 되어도 물러갈 기미가 없었어요. 10월의 밤 기온은 영하로 떨어졌어요. 얇은 잠바로 버텨야 하는 끔찍한 밤샘 농성. 학생들은 폐지를 태우거나 커튼을 뜯어 몸을 감싸며 추위를 견뎠고, 건물 밖 경찰관들은 나무 걸상을 태워 밤을 나야 했어요.

학교 밖으로 모여든 학부모들이 감금된 학생들에게 전달하려던 컵라면이나 주먹밥 등은 경찰들에 의해 모두 압수되었어요.

훗날 장세동 대통령 비서실장의 말에서 건대 항쟁을 대하는 전두환 대통령 생각을 읽을 수 있어요. 장 실장은 "주동자 한두 명쯤은 사형시키려 했다"고 말했어요. 정권에 방해가 된다고 생각하면 적으로 삼아 제거하는 것은 전두환이 즐겨 쓰는 수법이었어요. 다음 해(1987년) 박종철 사건이나 6·10 민주항쟁 등으로 미루어 짐작할 수 있어요.

경찰들에게 쫓긴 김민주(가명, 건대 국문과 1년)는 중앙도서관으로 들어갔어요. 중앙도서관은 건대 안에서 가장 높은 언덕 위 건물이에요. 그래서 학교 안의 상황을 가장 잘 볼 수 있는 곳이었어요.

첫 번째 밤을 허기와 추위로 지샌 후 민주는 낮은 소리로 부르는 이 노래를 듣게 되었어요.

나 죽어 이 흙 속에 묻히면 그만이지
……
내 평생 소원이 무엇이더냐
우리 손주 손목 잡고
……
아서라 말아라 투사 아들 너로다
……
묻히면 그만이지

라임처럼 아무렇게나 넣은 '묻히면 그만이지'는 투쟁가요에 익숙한 민주에게는 낯선 느낌으로 다가왔어요. 슬프고 아릿한 느낌의 장송곡 같았어요. 건물 속에 고립된 학생들은 절벽을 바라보는 심정으로 〈늙은 군인의 노래〉를 부르고 있었던 거예요.

일감호를 뺀 모든 곳에 병력을 배치하고 물과 식량조차 차단해버린 상황에서 무덤으로 몰아넣고 버틸 수 있으면 버텨보라고 노려보고 있는 6,000여 명의 병력을 향한 학생들의 신음과 같았어요.

경찰은 4일 동안 학생들을 건물 안에 가둔 채 학교 주변을 막아 버렸어요. 그리고 마지막 날인 10월 31일 오전 9시, 사복 체포조인 백골단을 투입해 '황소 30' 작전을 시작했어요. 백골단은 하얀 헬멧에 방독면을 쓰면 해골처럼 보여 붙여진 별명이에요. 헬기와 소방차, 총 53개 중대 8,000여 명의 경찰을 동원한 입체작전을 펼친 거예요. 이 과정에서 53명의 학생이 화상과 타박상을 입고 입원하였어요. 물과 식량이 차단된 상태로 탈진 상태였던 학생들은 굴비 두름처럼 앞 사람의 허리를 잡고 머리를 박은 채 끌려 나와야 했어요. 이날 연행된 학생은 모두 1,525명이었고, 이 가운데 1,288명이 구속되었어요. 당시 단일 사건 구속자 수로는 세계 최고의 기록이었다고 해요.

죽음의 공포를 제대로 느낀 그들이 부른 노래가 〈늙은 군인의 노래〉였어요.

노래가 만들어진 사연

〈늙은 군인의 노래〉 작사, 작곡자인 김민기는 카투사로 미군 부대에서 군 복무를 하던 중, 수사기관의 통보로 강원도 원통의 12사단 51연대 1대대 중화기 중대로 쫓겨가게 돼요. 그곳에서 만난 선임하사가 막걸리 두 말을 주며 자신의 이야기를 노래로 만들어 달라고 부탁을 하였어요. 그는 30년을 복무한 후 제대를 앞둔 군인이었어요. 그의 부탁으로 만들어진 노래가 바로 1976년 겨울 탄생한 〈늙은 군인의 노래〉였어요.

청춘을 푸른 군복에 바친 늙은 군인의 한탄과 아쉬움, 소박한 나라 사랑의 마음이 담긴 이 노래는 곧 병사들의 입에서 입을 통해 전해지며 불리게 되었어요.

　김민기가 이전에 만든 〈아침이슬〉이나 〈친구〉 같은 노래를 들으면 '우리말'을 부려 쓰는 그의 감각이 매우 뛰어나다는 걸 알 수 있어요. 그만큼 그의 노래들은 사연과 마음이 고스란히 보인다고 해요. "김민기의 노래에는 영화처럼 그림이 보인다"는 가수 양희은의 말에서 김민기 노래의 힘을 느낄 수 있는 거죠.

　김민기가 만든 〈늙은 군인의 노래〉는 1978년 양희은의 이름을 빌려 한국공연윤리위원회(현 영상물등급위원회)의 심의에는 통과했어요. 그러나 곧 가사가 불건전하다는 이유로 '금지곡'이 되었어요. 서슬이 시퍼렇던 박정희 군사독재 시절이라 "흙 속에 묻히면 그만이지"나 "푸른 옷에 실려 간 꽃다운 이 내 청춘"처럼 약하고 패배주의적인 가사가 군인들 사기에 나쁜 영향을 끼친다는 이유 때문이었어요.

　이 노래에서 말하는 사람은 늙은 군인이며, 푸른 옷(군복)을 입고 청춘을 다 보낸 늙은 몸이에요. 아버지는 푸른

〈늙은 군인의 노래〉를 작사, 작곡한 김민기 김민기는 이 밖에도 〈아침이슬〉, 〈상록수〉 등 수많은 국민가요를 만들고 불렀으며, 대학로에 '학전' 소극장을 만들어 뮤지컬 연출 등으로 우리나라 공연예술계에 큰 발자취를 남겼어요. (사진·연합뉴스)

옷을 입고 지낸 꽃다운 청춘을 자랑스럽다고 말하고 있지만, 노래의 전체 분위기로 보아 오히려 쓸쓸한 분위기가 가득 배어 있어요.

이 노래가 박정희 유신 독재 체제 때 국방부 장관 지정 '금지곡 1호'였지만 꾸준히 불린 곳은 전두환 군사독재에 저항하던 대학가와 노동 현장이었어요.

곡과 잘 어울리지 않는 노랫말

 이 곡은 흔한 장조 5음계의 행진곡이며, 군가나 교가처럼 교훈적인 노래 같은 단순함이 느껴져요. 그런데 이 작품의 맛은 곡과는 전혀 어울리지 않는 가사 내용에 있어요. 물과 기름처럼 어울리지 않는 곡과 내용이 너무도 자연스럽게 녹아 있다는 점이 이 노래의 질긴 생명력과 연관이 있는 것 같아요.
 평생 한길을 걸으며 살아온 한 군인 가장이 자신이 걸어온 길을 되돌아보며, 화려한 명예도 돈도 없이 힘들고 평범하게 살아온 자신의 삶에 대한 회한을 담담하게 이야기하는 가사라는 점. 여기서 군가풍의 분위기는 군대라고

하는 배경을 드러내기도 하고 현실성을 더해 줘요. 이로 인해 비슷한 가사를 가진 여타 노래와 달리 지나치게 감상적으로 빠지지 않고 낙관적이며 진취적인 분위기를 풍겨요. 또한 함께 불렀을 때 투쟁적 분위기를 만들기도 해요.

이러한 작품의 다양한 측면과 삶 전체를 돌아보는 중년적 정서는 이 노래가 여러 상황, 여러 계층에서 자주, 계속 애창곡으로 불리게 해 주었어요.

한동안 이 노래의 후렴 부분 가사가 이렇게 바뀌어 불린 적이 있어요.

'아, 다시 못 올 흘러간 내 청춘⋯⋯'이, '아, 비참하게 짓밟혀진다 해도, 이 땅 위에 다시 피는 진달래가 되리라'로 바뀌어 불린 거예요.

광주민주화운동 전후인 전두환 군사독재 초기, 살벌한 분위기에서 죽음을 각오하고 운동을 해야 했던 스무 살 안팎의 운동권 학생들에게는 이 작품의 정서가 투쟁성이 치열하지 않은 것으로 느껴졌을 수도 있어요. 그러나 이

바뀐 가사는 그리 오래 가지 못했어요.

1987년 노동자 대투쟁 이후, 이 노래는 늙은 노동자의 노래로 바뀌어 30대 이상에게 특히 사랑받는 노래, 한 번만 들어도 쉽게 배울 수 있고 부를수록 새로운 맛을 느끼게 하는 좋은 노래로 애창되었어요.

늙은 군인인 아버지는 자식들에게 호강하며 살고 싶으냐고 물어요.

"좋은 옷 입고프냐, 맛난 것 먹고프냐?"

그리고 스스로 답하는 형식으로 읊조려요

"아서라 말아라, 군인 아들 너로다."

스스로 묻고 답하는 것은 고백의 다른 형식이라고 해요. 늙은 군인이 하고 싶은 말은 이것이었을 거예요.

"내 젊어 호강하며 사는 것을 바라지 않고, 군인으로 젊음을 다 바쳤지만, 이제 와 보니, 참으로 허망하다"는 것이죠. 부도덕한 군사정권을 돕는 일을 하느라 자신의 젊음을 불태운 것에 대한 회한일 거예요. 그리고 자신의 소망은 조국의 통일이었다고 고백해요.

    내 평생 소원이 무엇이더냐
    우리 손주 손목 잡고 금강산 구경일세
    꽃 피어 만발하고 활짝 개인 그날을
    기다리고 기다리다 이 내 청춘 다 갔네

분단 조국의 하늘 아래에서 조국에 몸 바쳐 일하면 할수록 민족의 분단을 굳히는 일에 나서게 되는 불행한 현실, 그것이 군인만의 불행은 아닐 거예요. 우리 민족 전체의 불행인 거죠.

금지곡에서 장수곡으로

〈늙은 군인의 노래〉는 금지곡으로 수난을 당했지만, 전노협(전국노동조합협의회) 산하 민주노조는 물론 대한노총 산하의 노조나 이른바 중간노조들까지도 익숙하게 부르는 몇 안 되는 노래가 되었어요. 심지어 살벌했던 박정희 유신 말기에도 고연전 응원가로 쓰인 적이 있다고 해요.

또 이 노래는 2018년 현충일 추념식에서 추모곡으로 사용되었어요. 2020년 6·25전쟁 제70주년 행사 '영웅에게(Salute to the heroes)'에서는 국군 전사자 유해 147구의 귀환 배경음악으로 가수 윤도현이 노래했어요. 2021년에는 하와이에서 김석주 일병 등 2명의 장진호 전투 참전용사들

6·25전쟁 제70주년
영웅에게

2020년 6·25전쟁 제70주년 행사 '영웅에게' 6·25전쟁 때 북한에서 전사한 국군 전사자 유해 147구가 귀환한 '영웅에게' 행사 때도 배경음악으로 〈늙은 군인의 노래〉가 쓰였어요. (사진·국방TV 뉴스화면)

이 운구될 때도 사용되었어요.

"흙 속에 묻히면 그만이지",

"푸른 옷에 실려 간 꽃다운 이 내 청춘"

이런 가사 내용으로 6·25전쟁 전사자, 베트남전쟁 전사자를 봉환할 때라든지, 또 호국 영령과 관련된 행사 때 주로 사용되었어요. 원래 의미인 소박한 나라 사랑으로 해석

되어 다양한 정부 행사에 사용하기도 했어요.

이 노래에 나오는 푸른색은 그 불행과 서러움의 상징이지만 희망을 뜻하기도 해요. 늙은 군인은 낮은 목소리로 말하고 있어요. 역사의 힘이 서러운 푸르름을 건강한 푸름으로 바꾸고 말 것이라는 거죠.

> 푸른 하늘 푸른 산 푸른 강물에
> 검은 얼굴 흰 머리에 푸른 모자 걸어가네
> 무엇을 하였느냐 무엇을 바라느냐
> 우리 손주 손목 잡고 금강산 구경가세

푸른 역사는 언젠가 올 거예요. 검은 얼굴 흰 얼굴, 그리고 푸른 모자가 걸어가는 모양으로, 그렇게 고통의 시간이 가고 푸른 새날이 늘 왔으니까요. 이 점에서 늙은 군인의 목소리는 슬프고 쓸쓸하지만, 더 절실하게 희망을 노래하고 있는 거예요.

왜 천천히 읽기를 해야 하는가?

'천천히 읽는 책'은 그동안 역사, 과학, 문학, 교육, 지리, 예술, 인물, 여행을 비롯해 다양한 주제와 소재를 다양한 방식으로 펴냈습니다. 왜 천천히 읽자고 하는지 궁금해하는 독자들이 있어서 몇 가지를 밝혀 둡니다.

- '천천히 읽는 책'은 말 그대로 독서 운동에서 '천천히 읽기'를 살리자는 마음을 담았습니다. 천천히 읽기는 '천천히 넓고 깊게 생각하면서 길게 읽자'는 독서 운동입니다.

- 독서 초기에는 쉽고 가벼운 책을 재미있게 읽을 수 있는 방법으로 시작해야겠지요. 그러나 독서에 계속 취미를 붙이기 위해서는 그 단계를 넘어서 책을 깊이 있게 긴 숨으로 읽는 즐거움을 느낄 수 있어야 합니다. 그래야 문해력이 발달합니다.

- 문해력이 발달하는 인지 발달 단계는 대체로 10세에서 15세 사이에 시작합니다. 음식을 천천히 씹으면서 맛을 음미하듯이 조금 어려운 책을 천천히 되씹어 읽으면서 지식을 넘어 새로운 지혜를 깨달을 수 있습니다.

- 독서 방법에는 다독, 정독, 심독이 있습니다. 천천히 읽기는 정독과 심독에서 꼭 필요한 독서 방법입니다. 빨리 많이 읽기는 지식을 엉성하게 쌓아 두기에 그칩니다. 지식을 내 것으로 소화하기 위해서는 정독이 필요하고, 지식을 넘어 지혜로 만들기 위해서는 심독이 필요합니다.

- 어린이들한테는 쉽고 가볍고 알록달록한 책만 주어야 한다고 생각하는 어른들이 있습니다. 그러나 독서력이 높은 아이들은 어렵고 딱딱한 책도 독서력이 낮은 어른들보다 잘 읽습니다. 그런 기쁨을 충족하지 못할 때 반대로 문해력도 발달하지 못하면서 책과 멀어지게 됩니다.

'천천히 읽는 책'은 독서력을 어느 정도 갖춘 10세 이상 어린이부터 청소년과 어른까지 읽는 책들입니다. 어린이, 청소년과 어른들(교사와 학부모)이 함께 천천히 읽으면서 이야기를 나눌 수 있는 읽기 자료가 되기를 바라는 마음에서 만들고 있습니다.